ミクロ経済学

［新装版］

是枝正啓・村田省三［共著］

九州大学出版会

はしがき

　大学におけるミクロ経済学の講義の形態も，時代とともに変遷をかさねている．最近では，概説的な内容の口述だけでなく，具体的な数値モデルを提示すること，演習的な要素を加味して理解を確実化することの重要性が認識されつつある．年間の総講義時間に変更がないとすれば，このことは自動的に講義内容の精選を余儀なくさせる．数値モデル化が容易でないような分野は省略されていく運命なのかもしれない．本書は，このような意図に沿って編まれているから，例題だけでなく，問題についても，講義時間内でほぼ消化しうる程度の分量を意識しており，また，その解説を示すことによって，自学によっても，各章における重要項目についての理解を深められるように工夫した．

　ところで，完全競争市場の範囲に限れば，標準的なミクロ経済学のテキストレベルにおける消費者行動，生産者行動および市場均衡分析に関する解説内容にテキスト間で大きな異同はなく，何が重要な練習問題であるかについても，かなりな程度まで一致した理解が形成されていると思う．本書でとりあげている例題はそのような代表例題のみである．なお，従来は「市場均衡」と命名されていた章のタイトルを，「市場均衡の評価」としている．これは著者による記法であるが，近年では普及の傾向にある．

　市場均衡の評価については，余剰分析とともにパレート最適性の概念が重要である．ところで，このパレート最適性についての解説をどのような位置に配置するかということは標準的ミクロ経済学の基本テキストにとっては難問である．余剰分析が部分均衡分析によっているのにたいして，パレート最

適は一般均衡分析のスタイルをとるからである．本書では余剰分析の節に先行する位置に置いているが，この発案は，以前に長時間をかけて著者と試行錯誤をかさねてくれたある大学院生の意見によるところが大きい．

　市場の失敗については，寡占市場，公共財あるいは外部経済問題が分析されなければならないが，いずれにしろ範囲は膨大である．本書ではそれらに関する記述は最小限にとどめた．市場の失敗は，まず市場メカニズムがうまく機能するときに達成される資源配分の性格を確認したのちに理解されるべき問題であるという認識からである．資源配分のパレート最適性がどの程度まで失われるかというという基本視点が大切である．一部の問題等については，長崎大学経済学部4年の江頭由梨さんに実際に解いてもらった．

　なお，新装版の出版については，九州大学出版会の尾石理恵さんにたいへんお世話になった．ここに感謝申し上げたい．

村 田 省 三

目　次

はしがき　　　　　　　　　　　　　　　　　　　　　　　i

第1章　消費者の行動　　　　　　　　　　　　　　　　1

1. 予算，効用，効用関数　　　　　　　　　　　　　1
2. 無差別曲線と限界代替率　　　　　　　　　　　　5
3. 消費の最適点　　　　　　　　　　　　　　　　　8
4. 所得の変化と需要の変化　　　　　　　　　　　　10
5. 価格の変化と需要の変化　　　　　　　　　　　　14
6. 所得効果と代替効果　　　　　　　　　　　　　　16
7. 代替財と補完財　　　　　　　　　　　　　　　　18
8. 需要曲線の導出　　　　　　　　　　　　　　　　20
9. 需要の弾力性　　　　　　　　　　　　　　　　　23
10. 労働の供給　　　　　　　　　　　　　　　　　　26
11. 消費者余剰　　　　　　　　　　　　　　　　　　30

第2章　生産者の行動　　　　　　　　　　　　　　　　37

1. 生産者の行動と生産関数　　　　　　　　　　　　37
2. 等量曲線と費用の最小化　　　　　　　　　　　　46
3. 企業の費用構造　　　　　　　　　　　　　　　　51
4. 利潤の最大化と供給曲線　　　　　　　　　　　　55
5. 長期の総費用曲線　　　　　　　　　　　　　　　58

第3章　競争市場均衡の評価　　65
1．市 場 均 衡　　65
2．市場均衡の安定性　　68
3．パレート最適　　76
4．競争均衡とパレート最適　　83
5．競争均衡と満足度　　86
6．課税と余剰　　88

第4章　不完全競争　　95
1．不完全競争市場　　95
2．独 占 市 場　　98
3．独占的競争　　111
4．寡占市場と屈折需要曲線　　113
5．複占市場とゲーム理論　　118
6．線形複占ゲームのモデル分析　　128

第5章　市場の失敗　　133
1．市場の失敗とその原因　　133
2．費用逓減と市場の失敗　　134
3．独占と市場の失敗　　141
4．外部効果と市場の失敗　　144
5．公共財と市場の失敗　　149

問題の解説　　157

章末問題の解説　　175

索　　引　　185

第1章　消費者の行動

　本章では，消費者が効用を最大にするように行動するとき，財・サービスの購入量（または需要量）がどのように決定されるかを分析し，それをもとに消費者の行動を表す需要曲線を導出する．また需要曲線の弾力性について述べるとともに，生産要素のひとつである労働の供給についても分析する．このような分析をもとに，各種の例題を取り上げ，それらの解法について解説する．

1. 予算，効用，効用関数

予　算

　いま2つの財があり，それらを第1財，第2財とし，その量をそれぞれ x_1, x_2 とする．またそれらの購入量を価格を p_1, p_2 とし，予算を I とする．このとき，予算 I 円のもとで購入できる第1財，第2財の量は次の式をみたす x_1, x_2 となる．

$$p_1 x_1 + p_2 x_2 = I$$

これを予算式（予算制約式）という．この予算式は

$$x_2 = -\frac{p_1}{p_2} x_1 + \frac{I}{p_2} \tag{1-1}$$

と書き直すことができる．この式を図示した予算線は図表1.1のように，x_1 軸の切片は I/p_1, x_2 軸の切片は I/p_2 となり，予算線の傾きは2つの財の価

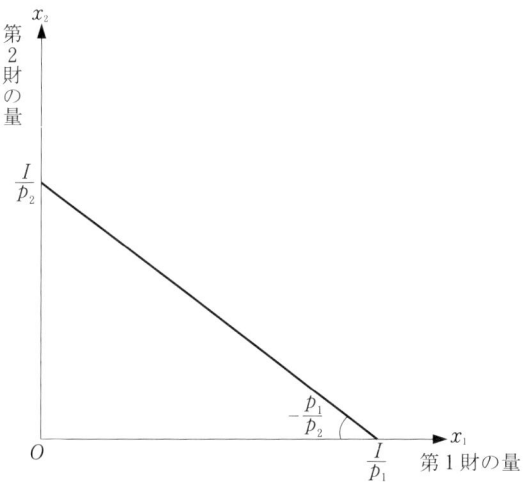

図表1.1 予算線

格比にマイナスをつけたものすなわち $-p_1/p_2$ になっていることがわかる．

例題 1.1 所得が 2,000 円のときには第 1 財，第 2 財をそれぞれ 40 個と 20 個購入でき，所得が 3,000 円のときには第 1 財，第 2 財をそれぞれ 50 個と 50 個購入できたとすると，第 1 財，第 2 財の価格はいくらか．

(解説) 所得が 2,000 円のときに第 1 財，第 2 財をそれぞれ 40 個と 20 個購入できたときの予算線は，第 1 財の価格を p_1，第 2 財の価格を p_2 とすると
$$2000 = 40p_1 + 20p_2 \tag{1}$$
となる．また所得が 3,000 円のときに第 1 財，第 2 財をそれぞれ 50 個と 50 個購入できたときの予算線は，
$$3000 = 50p_1 + 50p_2 \tag{2}$$
となる．p_1, p_2 は (1) と (2) を同時にみたさなければならないから，(1), (2) を連立して解けば，
$$2p_1 = p_2 \tag{3}$$
が得られ，(3) を (1) に代入すれば，
$$p_1 = 40, \quad p_2 = 20$$
が得られる．

問題 1.1 いま所得が 3,000 円で第 1 財の価格が 40 円，購入量が 50 で，第 2 財の価格 p_2 円，購入量を x_2 とする．このとき所得が 2,000 円に減少し，第 1 財の価格が 30 円に下落したとき，もとの第 1 財，第 2 財の購入量を維持するには第 2 財の価格はどのくらいに下落しなければならないか．

効用，効用関数

消費者の行動を分析するのには，予算という制約のほかに財を消費するときに得られる満足度も考慮に入れられなければならない．経済学では，この満足の程度を表す指標として効用という概念が用いられる．効用とは財を保有あるいは消費したときに得られる主観的な満足の程度を数値で表したものである．効用の大きさを示す数値の表し方として基数的効用と序数的効用の 2 種類がある．

基数的効用は，効用の絶対水準を表す測定値であり，効用の数値そのものに意味があり，またその和や差なども意味があるような効用である．これに対して序数的効用は，その数値には意味はなく，順序を表すために用いられる効用であり，したがって和や差なども意味がないような効用である．

次に，財の量と効用水準との関係を考えてみよう．財の量への効用の数値のつけ方，規則を表したものを効用関数という．財が 1 種類のとき，例えば，いまミカンという財があって，その消費量と効用水準の関係がつぎの図表 1.2 のようであることが考えられる．

図表 1.2 ミカンの消費量と効用水準

ミカンの消費量　x	1	2	3	4
効用水準　U	3	6	9	12

例題 1.2 効用関数について，以下の 2 問に答えなさい．

(1) 第 1 財の量 x_1，第 2 財の量 x_2 に対して，効用関数が
$$U = U(x_1, x_2) = x_1^2(2x_2 + 1)$$
と与えられたとする．このとき，第 1 財と第 2 財の組 $A = (2, 3)$ と $B = (1, 4)$ はどちらが効用水準が高いか．

(2) 同じ効用関数のもとで，第1財と第2財の組 $A=(4,2)$ に対して，第1財の量が1単位減少したとする．このとき同じ効用水準を保つには，第2財の量はいくら増加しなければならないか．

(解説) (1) まず $A=(2,3)$ を効用関数に代入して，$U(A)=U(2,3)$ を求めると，
$$U(A)=U(2,3)=2^2(2\cdot 3+1)=4\times 7=28$$
となる．また $B=(1,4)$ を効用関数に代入して，$U(B)=U(1,4)$ を求めると
$$U(1,4)=1^2(2\cdot 4+1)=1\times 9=9$$
となるから，$A=(2,3)$ のほうが $B=(1,4)$ より効用水準が高い．

(2) 第1財と第2財の組 $(4,2)$ に対する効用水準は，
$$U=U(4,2)=4^2(2\cdot 2+1)=16\cdot 5=80 \tag{1}$$
である．第1財の量が1単位減少し，3単位になったとする．一方，第2財の量が減少したために，前と同じ効用水準を維持するには第2財の量は増加しなければならないが，その新しい第2財の量を x_2 とする．新しい第1財と第2財の組 $(3,x_2)$ に対する効用水準は
$$U=U(3,x_2)=3^2(2\cdot x_2+1)=18x_2+9 \tag{2}$$
となる．(1)と(2)が等しくならなければならないので，
$$18x_2+9=80$$
であり
$$x_2=\frac{71}{18}$$
となる．したがって，第2財の量の増加分は
$$\frac{71}{18}-2=\frac{35}{18}$$
である．

問題 1.2 第1財の量を x_1，第2財の量を x_2 とし，効用関数 U を
$$U(x_1,x_2)=(x_1^2+1)(x_2+2)$$
とする．財の組 $W=(5,3)$ に対して，第1財の量が1単位減少したとき，同じ効用水準を保つためには第2財の量はいくら増加しなければならないか．

2．無差別曲線と限界代替率

無差別曲線

一般に，財の消費量が増えると効用の大きさ（効用水準）は増加する．この場合の効用関数をグラフで表すと，図表1.3のように描けるが，この曲面を効用曲面という．効用曲面をある高さの平面で水平に切って，その切り口を上から見ると，図表1.4のような曲線となる．この曲線を無差別曲線という．したがって無差別曲線は同じ効用水準を与える財の組の集まりである．

財の消費量が増えると効用水準が増加する場合の無差別曲線は以下の3つの性質をもつ．
(1) 無差別曲線は右下がりである．
(2) 無差別曲線は互いに交わらない．
(3) 原点から遠い無差別曲線ほど効用水準は高い．
また，以上の3つの性質に加えて次の性質をもつ場合が多い．
(4) 無差別曲線は原点に対して凸である．

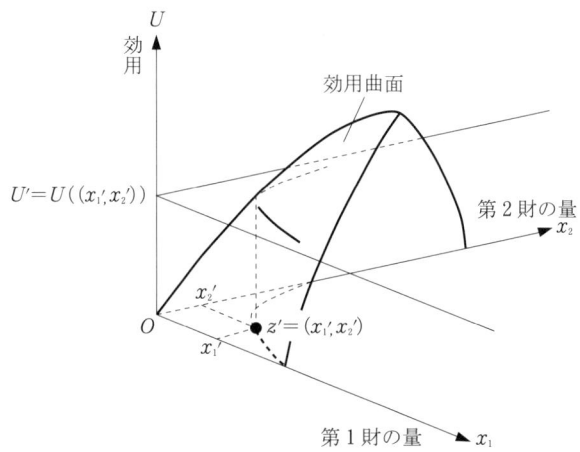

図表1.3　効用曲面と断面図

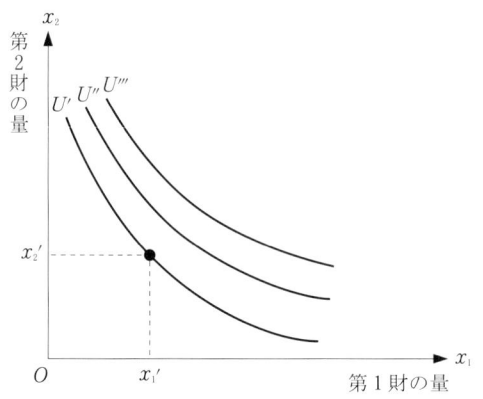

図表 1.4 無差別曲線群

例題 1.3 無差別曲線に関する次の記述のうち，正しいものはどれか．
(1) 同じ無差別曲線上にある 2 つの点でも効用水準が異なることがある．
(2) 無差別曲線はつねに原点に対して凸となる．
(3) 各財の消費量が多いほど効用が大きいならば，原点から遠い無差別曲線ほど効用水準は高い．
(4) 財の消費量が多いほど効用が大きいならば，無差別曲線の傾きは正となる．

(2003 年経済学検定試験 ERE 問題)

(解答) (3) が正しい．
(1) 効用水準が同じ点を集めたものが無差別曲線であるという定義に反するので (1) は誤りである．
(2) 消費者の嗜好によっては，必ずしも無差別曲線は原点に対して凸とならない．たとえば，肉は好きだが野菜は嫌いな消費者は，ある一定の肉の量に対して，いくら野菜の量が増えても効用は増加しないので，この場合この消費者の無差別曲線は垂直になる．したがって (2) は誤りである．
(4) 消費量が多いほど効用が大きい財と，消費量が多いほど効用が小さい財の組，たとえば所得と労働時間の組を考えた場合，無差別曲線は右上がりになり，傾きは正となる．しかし，2 つの財とも消費量が多いほど効用が大きいならば，例題 1.3 でみたように，ある組の右上 (東北) に

ある組は効用水準が高く，左下（南西）の組は効用水準が低い．したがって同じ効用水準を与える組は右上にも左下にもなく，あるとしたら左上か，右下である．このような同じ効用水準を与える左上と右下の組を結んでいけば，右下がりの無差別曲線になるから，傾きは負である．ゆえに(4)は誤りである．

問題 1.3 無差別曲線が右上がりになるような場合はどのような場合か．

限界代替率

限界代替率とは，おおまかにいうならば無差別曲線の曲がり具合を表す指標である．厳密にいうと，無差別曲線上の点 W' における第2財の第1財に対する限界代替率は，W' における接線の傾きにマイナスの符号をつけた値である．記号で表せば，次のようになる．図表 1.5 の $W'=(x_1', x_2')$ と $W''=(x_1'', x_2'')$ 点における接線の傾きはそれぞれ $\left.\dfrac{dx_2}{dx_1}\right|_{x_1=x_1'}$, $\left.\dfrac{dx_2}{dx_1}\right|_{x_1=x_1''}$ となるが，$W'=(x_1', x_2')$ と $W''=(x_1'', x_2'')$ 点における限界代替率はそれらのマイナスの値 $-\left.\dfrac{dx_2}{dx_1}\right|_{x_1=x_1'}$, $-\left.\dfrac{dx_2}{dx_1}\right|_{x_1=x_1''}$ である．

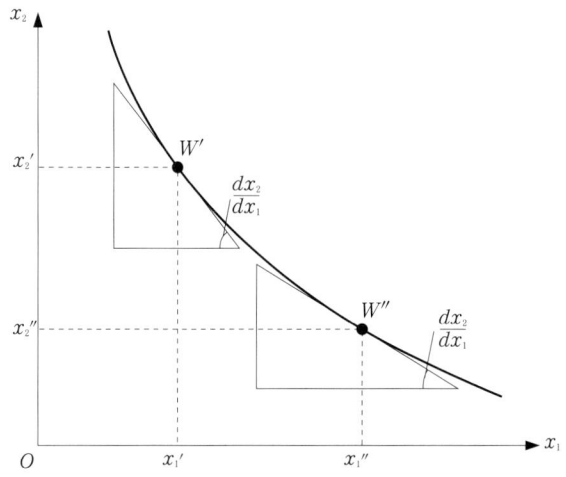

図表 1.5 限界代替率

例題 1.4 第 1 財の量 x_1, 第 2 財の量 x_2 に対して，効用関数が
$$U = U(x_1, x_2) = x_1^2 + 4x_2$$
で与えられ，効用水準 $U=24$ であるとすると，このとき $x_1=4$ における第 2 財の第 1 財に対する限界代替率をもとめなさい．

(解説) 効用水準 $U=24$ であるときの無差別曲線は
$$U = 24 = x_1^2 + 4x_2 \text{ すなわち } x_2 = -\frac{1}{4}x_1^2 + 6$$
となるから，接線の傾き $\dfrac{dx_2}{dx_1}$ は
$$\frac{dx_2}{dx_1} = -\frac{1}{2}x_1$$
となる．したがって $x_1=4$ における限界代替率は
$$-\frac{dx_2}{dx_1} = \frac{1}{2}x_1$$
に $x_1=4$ を代入して 2 となる．

問題 1.4 第 1 財の量を x_1, 第 2 財の量を x_2 とし，効用関数 U を
$$U(x_1, x_2) = \frac{1}{2}x_1 x_2$$
とする．効用水準が $U=12$ であるときの $x_2=4$ における第 2 財の第 1 財に対する限界代替率を求めよ．

3．消費の最適点

最適消費量

　合理的な消費者は，与えられた予算のもとで，効用を最大にするように消費量を決定する．これを効用最大化の原則という．消費者の効用を最大にする点は消費の最適点といわれる．消費の最適点は予算線と無差別曲線が接する点 $W^* = (x_1^*, x_2^*)$ で与えられる．この W^* が消費の最適点になるのは，予算線上の他の点のどれよりも高い効用を与えるからである．例えば，図表 1.6 におけるように W^* 以外の点 $W' = (x_1', x_2')$ をとると，W' 点を通る無差別曲線がある．それを U' とすると U' は無差別曲線の性質(2)より必ず W^* を通る無差別曲線 U^* より原点に近くなる．このことは，無差別曲線の

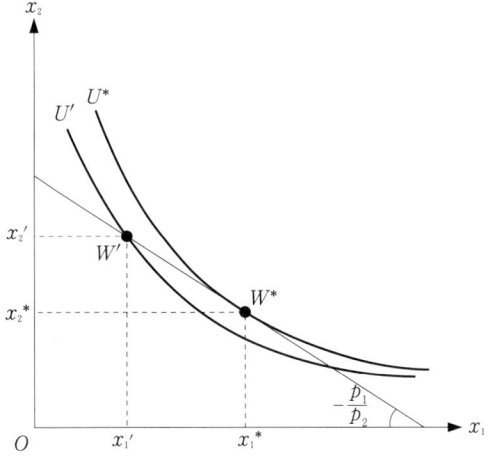

図表 1.6 消費の最適点

性質 (3) によって，U^* 上の点より U' 上の点の方が効用が低くなることを表している．W^* 以外の点すべてについておなじことがいえるので，W^* が最大の効用を与える財の組となる．W^* を消費の最適点または均衡点といい，x_1^* を第 1 財の最適需要量，x_2^* を第 2 財の最適需要量という．

このように，消費の最適点 W^* は無差別曲線と予算線の接点であるから，予算線そのものが W^* における無差別曲線の接線になっていることに注目すれば，予算線の傾きのマイナスの値が限界代替率を表していることがわかる．すなわち消費の最適点においては，

  限界代替率＝－（予算線の傾き）＝第 1 財の価格／第 2 財の価格

が成り立つ．

例題 1.5 第 1 財の量を x_1，第 2 財の量を x_2 とし，所得が $I=1200$ 円とする．第 1 財の価格が 30 円，第 2 財の価格が 20 円で，効用関数が

$$U(x_1, x_2) = 2x_1(x_2+6)$$

のときの消費の最適点および効用水準の大きさを求めよ．

（解説） 予算線は

$$1200 = 30x_1 + 20x_2 \text{ すなわち } x_2 = -\frac{3}{2}x_1 + 60$$

となる．これを効用関数の式に代入すると，

$$U = 2x_1\left(-\frac{3}{2}x_1 + 60 + 6\right) = -3x_1{}^2 + 132x_1$$

が得られる．効用最大化の条件

$$\frac{dU}{dx_1} = -6x_1 + 132 = 0$$

より，$x_1 = 22$ が得られ，これを予算式に代入して $x_2 = 27$ が得られる．これらを効用関数に代入すれば，$U = 2 \cdot 22 \cdot (27 + 6) = 1452$ となる．

問題 1.5 第1財の量を x_1，第2財の量を x_2 とし，第1財の価格を 30 円，第2財の価格を 20 円とする．いま効用関数が

$$U(x_1, x_2) = \frac{1}{2}x_1 x_2$$

で与えられたとき，$U = 27$ となるには最低いくらの予算が必要か．

4．所得の変化と需要の変化

所得の変化と予算線のシフト

所得のみが変化した場合，予算線は平行にシフトする．いま2つの財を第1財，第2財とし，その量を x_1, x_2，その価格を p_1, p_2 とする．そのとき予算線は所得 I に対して，(1-1) 式より

$$x_2 = -\frac{p_1}{p_2}x_1 + \frac{I}{p_2}$$

である．そこで所得が I から ΔI だけ増えて $I' = I + \Delta I$ になったとしよう．このときの予算線は

$$p_1 x_1 + p_2 x_2 = I + \Delta I = I'$$

となるが，これは

$$x_2 = -\frac{p_1}{p_2}x_1 + \frac{I}{p_2} + \frac{\Delta I}{p_2} = -\frac{p_1}{p_2}x_1 + \frac{I'}{p_2} \tag{1-2}$$

と書き直すことができる．この式を図示すると図表 1.7 のように，x_1 軸の

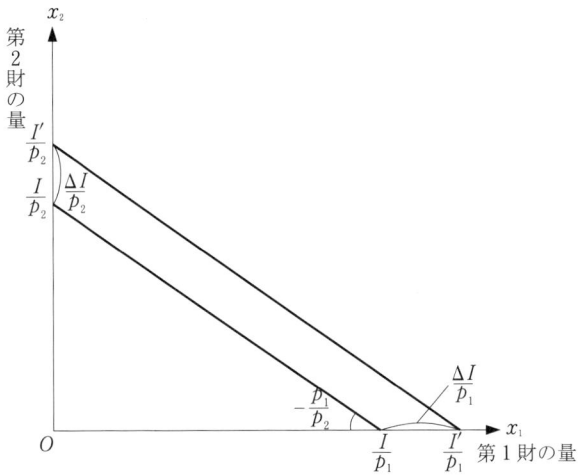

図表 1.7 予算線のシフト

切片は $I/p_1+\Delta I/p_1$ であり，x_2 軸の切片は $I/p_2+\Delta I/p_2$ であり，予算線の傾きは 2 つの財の価格比にマイナスをつけたものになっている．これは (1-1) の直線を $\Delta I/p_2$ だけ上方にシフトさせた直線になっている．すなわち所得が ΔI だけ増加すると予算線は $\Delta I/p_2$ だけ上方にシフトするのである．

例題 1.6 いま 2 つの財を第 1 財，第 2 財とし，その量を x_1, x_2 とする．所得が 800 円で第 1 財の価格を 20 円，第 2 財の価格を 40 円とする．いま，財の価格は変わらずに所得に一律に 10% の税金が課せられたとしよう．このときの予算線の式を求め，それを図示せよ．

(解説) 所得税が課される前の予算線の式は

$$20x_1+40x_2=800 \text{ すなわち } x_2=-\frac{1}{2}x_1+20$$

となる．いま 2,000 円の予算（所得）に対して 10% の税金が課されるとしたら，税額は $800\times 0.1=80$ であるから，可処分所得すなわち実際に使える予算は $800-80=720$ 円となり，予算線の式は

$$20x_1+40x_2=720 \text{ すなわち } x_2=-\frac{1}{2}x_1+18$$

となる．これは正しく所得の減少による予算線の平行移動であり，次の図の

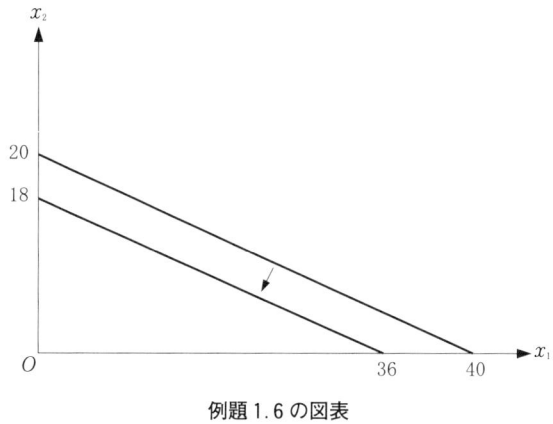

例題 1.6 の図表

ように描くことができる．

問題 1.6 いま2つの財を第1財，第2財とし，その量を x_1, x_2 とする．所得が2,000円で第1財の価格を40円，第2財の価格を100円とする．いま，財の価格は変わらずに所得に一律に15％の税金が課せられたとしよう．このときの予算線の式を求め，それを図示せよ．

所得効果と上級財，中立財，下級財

前述したように，所得の増加によって予算線が上方にシフトする．それによって消費の最適点が移動する．これを所得効果という．所得効果によって第1財の最適消費量および第2財の最適消費量は変化する．この消費の最適点の移動による第1財の最適消費量の変化に注目すると，その変化には3つのタイプがあり，それによって財の種類を3つに分けることができる．まず第1のタイプは所得が増加したとき，第1財の最適消費量が図表 1.8(a) のように x_1^* から x_1^{**} に増加する場合である．このような財は，上級財（または正常財）といわれる．第2のタイプの財は，図表 1.8(b) に示されるように，所得が増加してもほとんどその消費量が増加しない財である．この種類の財は中立財（または中級財）といわれる．第3は，図表 1.8(c) のような状態が起きる場合で，所得が増加すると逆に消費が減少する財もある．これは劣等財（または下級財）といわれる．

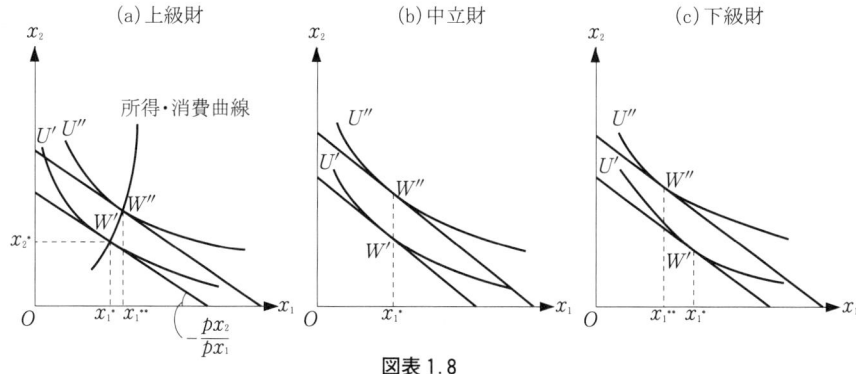

図表1.8

例題 1.7 第1財の量を x_1，第2財の量を x_2 とし，所得 $I=500$ 円とする．また第1財の価格が50円，第2財の価格が50円で，効用関数が

$$U(x_1, x_2) = x_1^2 - 9x_1 - x_2 + 20$$

で与えられているとする．いま所得が600円になったとすると，このときの第1財，第2財は上級財，中立財，下級財のいずれと判定できるか．

(解説) まず所得 $I=500$ 円のときの消費の最適点を求める．このときの予算線は

$$500 = 50x_1 + 50x_2 \text{ すなわち } x_2 = -x_1 + 10 \tag{1}$$

となる．これを効用関数の式に代入すると，

$$U = x_1^2 - 9x_1 - (-x_1 + 10) + 20 = x_1^2 - 8x_1 + 10$$

が得られる．効用最大化の条件

$$\frac{dU}{dx_1} = 2x_1 - 8 = 0$$

より，$x_1 = 4$ が得られ，これを予算式(1)に代入して $x_2 = 6$ が得られる．

つぎに所得 $I=600$ 円のときの消費の最適点を求める．このときの予算式は

$$600 = 50x_1 + 50x_2 \text{ すなわち } x_2 = -x_1 + 12$$

となるから，上と同様にして効用最大化の条件から消費の最適点を求めると，$x_1 = 4$，$x_2 = 8$ が得られる．

以上の結果から，所得が増加した場合，第1財の購入量は変わらず，第2財は増加していることがわかる．したがって，第1財は中立財，第2財は上

級財である．

問題 1.7 第1財の量を x_1，第2財の量を x_2 とし，所得 $I=400$ 円とする．また第1財の価格が 40 円，第2財の価格が 40 円で，効用関数が

$$U(x_1, x_2) = 2x_1 - x_2^2 + 12x_2 + 30$$

で与えられているとする．いま所得が 600 円になったとすると，このときの第1財，第2財は上級財，中立財，下級財のいずれと判定できるか．

5．価格の変化と需要の変化

価格の変化と最適需要量の変化

所得が変わらずに一方の財の価格だけが変化したとき，予算線の変化をみてみよう．いま2つの財を第1財，第2財とし，その需要量を x_1, x_2，その価格を p_1, p_2 とすると，このときの予算線は所得 I に対して，(1-1) 式より

$$x_2 = -\frac{p_1}{p_2}x_1 + \frac{I}{p_2}$$

である．そこで第1財の価格のみ p_1 から $p_1'(p_1 < p_1')$ に上昇したとしよう．

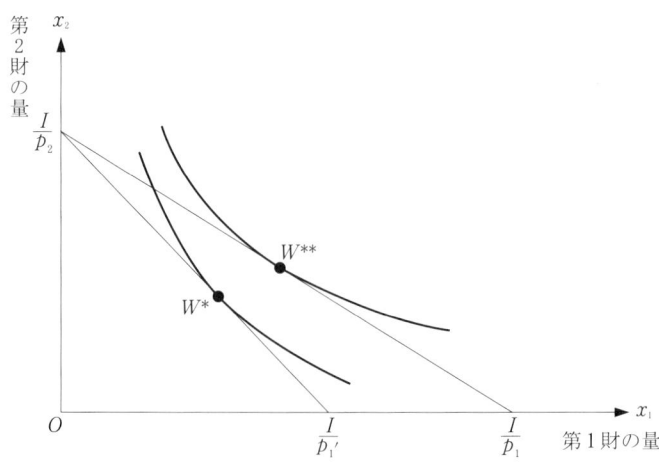

図表 1.9　最適点の移動

このときの予算線の式は

$$x_2 = -\frac{p_1'}{p_2}x_1 + \frac{I}{p_2}$$

となる．この式を図示すると図表 1.9 のように，x_1 軸の切片は I/p_1' であり，x_2 軸の切片は I/p_2 であり，x_1 軸の切片のみが原点の方に移動している．予算線の移動にともなって消費の最適点も図表 1.9 におけるように W^* から W^{**} へと移動する．

例題 1.8 いま 2 つの財を第 1 財，第 2 財とし，その量を x_1，x_2，その価格を 50 円，50 円とする．いま所得が 1,000 円の状態から，第 1 財の価格だけが 10 円下落した状態になったとする．このとき第 1 財の購入量，第 2 財の購入量，および効用水準はどれほど増加するか．ただし，効用関数は

$$U = U(x_1, x_2) = -\frac{1}{2}x_1^2 + 20x_1 + 10x_2 \quad (x_1 \leq 20) \tag{1}$$

とする．

(解説) まず最初の状態の最適点を求める．(1) を書き換えると

$$x_2 = \frac{1}{20}x_1^2 - 2x_1 + \frac{1}{10}U$$

となるから，限界代替率は

$$\frac{dx_2}{dx_1} = -\frac{1}{10}x_1 + 2 \tag{2}$$

である．一方予算線は

$$50x_1 + 50x_2 = 1000 \quad \text{すなわち} \quad x_2 = -x_1 + 20 \tag{3}$$

と表され，予算線の傾きの絶対値は 1 となる．消費の最適点においては限界代替率と予算線の傾きの絶対値が等しいから

$$\frac{dx_2}{dx_1} = -\frac{1}{10}x_1 + 2 = 1$$

とおくと，$x_1 = 10$ が得られる．これを (3) に代入して $x_2 = 10$ が得られる．さらに $x_1 = 10$，$x_2 = 10$ を (1) に代入して $U = 250$ が得られる．

つぎに第 1 財の価格が 10 円下落して 40 円になったときの最適点を求める．このときの予算線は

$$40x_1+50x_2=1000 \text{ すなわち } x_2=-\frac{4}{5}x_1+20 \tag{4}$$

となり，予算線の傾きの絶対値は $\frac{4}{5}$ となる．これが限界代替率(2)に等しいから，

$$\frac{dx_2}{dx_1}=-\frac{1}{10}x_1+2=\frac{4}{5}$$

$x_1=12$ が得られる．これを(4)に代入して $x_2=10.4$ が得られる．さらに $x_1=12$, $x_2=10.4$ を(1)に代入して $U=272$ が得られる．

以上から，第1財の購入量の増加2，第2財の購入量の増加0.4，および効用水準の増加22である．

問題1.8 いま2つの財を第1財，第2財とし，その量を x_1, x_2, その価格を40円，30円とする．いま所得が1,200円の状態から，第2財の価格だけが10円上昇した状態になったとする．このとき第1財の購入量，第2財の購入量，および効用水準はどれほど減少するか．ただし，効用関数は

$$U=U(x_1,x_2)=\frac{1}{2}x_1x_2 \tag{1}$$

とする．

6．所得効果と代替効果

このような価格変化による均衡点の移動は，所得効果と代替効果の2つの効果によってもたらされたものとみることもできる．これを図表1.10に沿って考えてみよう．いま第1財の価格だけが p_1 から p_1' へ上昇し，均衡点が W から W' へ移ったとしよう．図表1.10には AA, BB, $B'B'$ の3つの予算線が描かれている．AA は予算 I，価格体系 (p_1, p_2) のもとでの予算線，また BB は予算 I，価格体系 (p_1', p_2) のもとでの予算線，$B'B'$ は予算 $I'(I<I')$，価格体系 (p_1, p_2) のもとでの予算線である．予算 I，価格体系 (p_1, p_2) のもとでの均衡点 W によってもたらされる効用水準 U は，第1財の価格が上昇し価格体系 (p_1', p_2) に移ったために達成できない．そこでまずこの効用水準を達成するために，新しい価格体系 (p_1', p_2) のもとで最も少な

い予算で達成できる点 W'' に移動する．これは消費者が相対的に高くなった第1財を減らして，相対的に安くなった第2財を増やすことによって同じ効用水準を保とうとする結果もたらされるもので，代替効果と呼ばれる．この W'' は，新しい価格体系 (p_1', p_2) のもとで効用水準 U を保つための合理的選択であるが，W'' の購入には予算 I' が必要である．しかし予算はもともと I なので W'' を購入することはできない．そこで新しい価格体系 (p_1', p_2) のもとで予算 I に対する合理的でしかも達成可能な点は W' であるので，W' に移動する．これを所得効果による移動という．結局，第1財の価格 p_1 から p_1' への上昇は，予算が I' から I に減少したのに等しい効果をもたらす．逆に価格が下落した場合には予算が増加したのと同じ効果をもたらす．したがって，W から W' への移動は，代替効果を表す W から W'' への移動と所得効果を表す W' から W'' への移動が合成されたものとみることができる．このように，代替効果は，無差別曲線が原点に対して凸であるとき，価格上昇に対してはその財の需要減をもたらし，価格下落に対してはその財の需要増をもたらす．

　以上のように，価格の変化が均衡点に影響を与えて，それを移動させる様子を表した曲線を価格・消費曲線という．

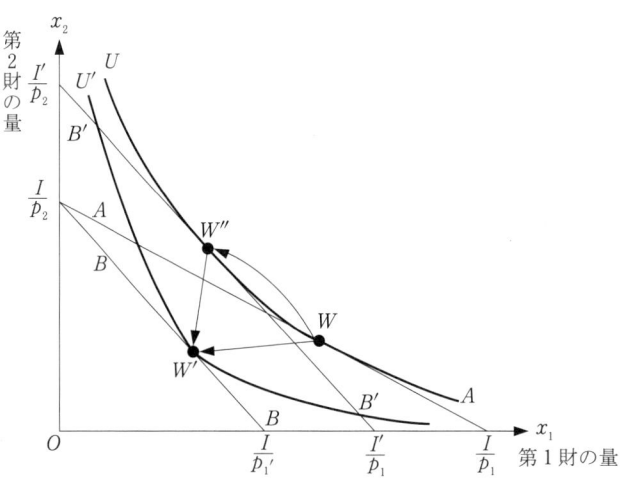

図表1.10 所得効果と代替効果

例題 1.9　2つの財について，その無差別曲線が原点に対して凸であるとする．代替効果と所得効果に関する記述のうち妥当なのはどれか．
(1) 下級財では価格が下落したとき，所得効果はその財の需要量を減少させ，代替効果がその財の需要量を増加させる．
(2) 下級財では価格が上昇したとき，所得効果はその財の需要量を減少させ，代替効果がその財の需要量を増加させる．
(3) 上級財では価格が上昇したとき，所得効果はその財の需要量を減少させ，代替効果がその財の需要量を増加させる．
(4) 上級財では価格が下落したとき，所得効果はその財の需要量を減少させ，代替効果がその財の需要量を増加させる．

(解説) (1)が正しい．
(2)「所得効果はその財の需要量を減少させ，代替効果がその財の需要量を増加させる」が誤りである．
(3) 後半の「代替効果がその財の需要量を増加させる」が誤りである．
(4) 前半の「所得効果はその財の需要量を減少させ」が誤りである．

問題 1.9　ギッフェン財に関する記述のうち妥当なのはどれか．
(1) ギッフェン財は，下級財で所得効果が代替効果より小さく，右下がりの需要曲線になるような財である．
(2) ギッフェン財は，下級財で所得効果が代替効果より大きく，右上がりの需要曲線になるような財である．
(3) ギッフェン財は，上級財で所得効果が代替効果より小さく，右上がりの需要曲線になるような財である．
(4) ギッフェン財は，上級財で所得効果が代替効果より大きく，右下がりの需要曲線になるような財である．

7．代替財と補完財

いま，2つの財の無差別曲線が原点に対して凸であるならば，両者は互いに代替関係にある．なぜなら一方の財の価格が下落（上昇）したとき，無差別曲線に沿って他方の財の需要を減らす（増やす）ような代替効果をもつか

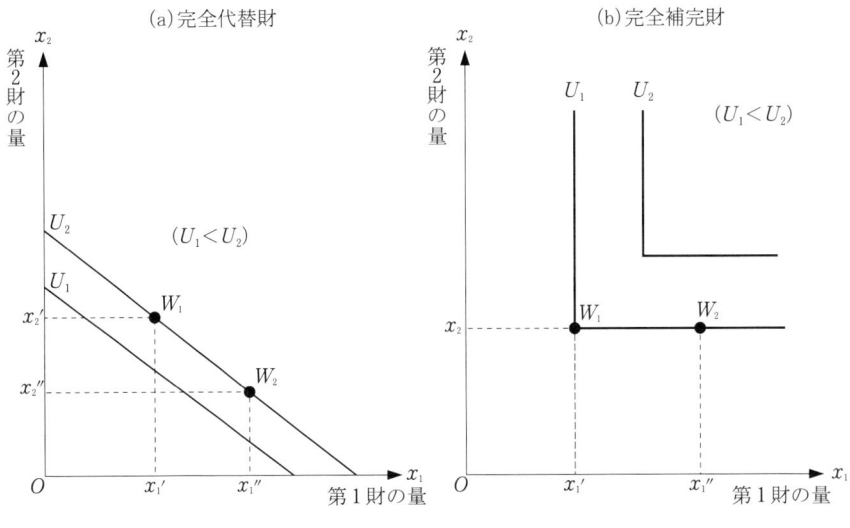

図表1.11

らである．このような財を代替財という．しかし，2つの財の無差別曲線が原点に対して凸でない場合には，代替効果が逆に他方の財の需要を変化させるように，すなわち一方の財の価格下落（上昇）が他方の財の需要を増やす（減らす）ように動く場合もある．このような財を補完財という．それぞれの場合について，極端な例として，完全代替財と完全補完財がある．

完全代替財とは，図表1.11(a)のように，無差別曲線が直線になる場合である．この場合消費者は第1財と第2財をどのような割合で保有することも無差別である．たとえば，W_1 においては第1財と第2財の割合は x_2'/x_1' であり，W_2 においては第1財と第2財の割合は x_2''/x_1'' であり，その保有割合は異なっているが，この消費者にとっては無差別である．

これに対して完全補完財とは，図表1.11(b)のように，無差別曲線が直角になるような財である．この場合，一方の財だけが増加しても効用水準は変わらない．W_1 と W_2 は第2財は同じ x_2 であるが，第1財については W_1 は x_1' であり，W_2 は x_1'' ($x_1'<x_2''$) であるが，効用水準は同じ U である．

例題1.10 無差別曲線が上の図表1.11(b)のようになる財の組み合わせとして，最も妥当なものは次のうちどれか．

(1) リンゴとミカン

(2) コーヒーと砂糖

(3) 緑茶と紅茶

(4) 牛肉と卵

(国家Ⅱ種試験問題　改題)

(解説)　(2)が正しい.

(2)の場合以外は，程度の差があっても，ある程度代替できるものとみなすことができ，したがって無差別曲線は直角にならない．無差別曲線が図表1.11(b)のようになる完全補完財は，(2)の他にはボルトとナット，インクとペン等がある．

また靴や靴下，箸など片方を1つの財，もう片方を別の財とみれば，これらも完全補完財である．

問題1.10　無差別曲線が図表1.11(a)のようになる財の組み合わせとして，最も妥当なものは次のうちどれか．

(1) A社のセメントとB社のセメント

(2) スイカとメロン

(3) ガソリンと車

(4) キャベツとレタス

8．需要曲線の導出

個別需要曲線

第5節でみたように，価格が変化すれば均衡点は移動するが，その価格変化による価格と均衡における需要量の関係を表したものが需要曲線といわれる．需要曲線は消費者の行動（または行動計画）を表す曲線と考えることができる．いま第1財の価格が p_1' から p_1''，p_1'''（$p_1'>p_1''>p_1'''$）へと下落したとすると，均衡点は W' から W''，W''' へと移動する．そして第1財の需要は x_1' から x_1''，x_1''' へと増加する（図表1.12(a)）．このときの価格 p_1'，p_1''，p_1''' とこれらに対応する第1財の需要 x_1'，x_1''，x_1''' の組を描いていくと，図表

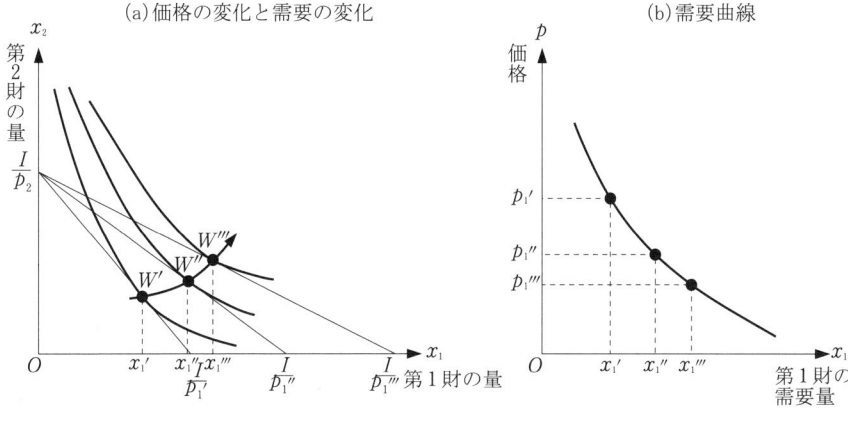

図表1.12

1.12(b)のような曲線が描かれる．これは1人の消費者の価格とそれに対する最適消費量との関係を表したもので，個別需要曲線といわれる．通常の財は図表1.12(b)のように，価格が上昇すれば需要は減少するので，その個別需要曲線は右下がりとなる．しかし，個別需要曲線が右上がりとなる場合も考えられる．すなわち価格が上昇（または下落）し，需要が増加（または減少）する場合個別需要曲線が右上がりとなるが，このような財をギッフェン財という．

市場需要曲線

すべての消費者の需要曲線を合わせた曲線が市場需要曲線といわれる．ここでは個別需要曲線から市場需要曲線を求めてみよう．いま市場には消費者が2人いるとして，それらをA, Bと名付けよう．図表1.13(a)，(b)には消費者A, Bの需要曲線が描かれ，価格がp'のときのAの需要量がx'_A, Bの需要量がx'_Bとなっている．このとき市場の需要量は価格p'に対して消費者A, Bの需要量を加えたもの$x'_A + x'_B$になる．また価格p''に対するAの需要量はx''_Aであり，Bの需要量はx''_Bであるから，市場の需要量は価格p''に対して$x''_A + x''_B$となる．このように価格とその価格に対するそれぞれの需要量を加えたものとの組をプロットしていけば市場需要曲線が求められる．

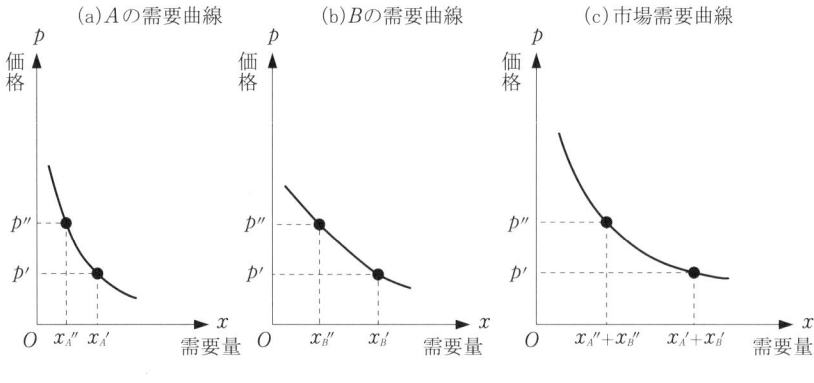

図表1.13

消費者が多数の場合もおなじ方法で市場需要曲線が得られる．

例題 1.11 ある財の量を x，価格を p とする．いまこの財の市場には消費者1と消費者2がいるとし，消費者1の需要量を x_1，消費者2の需要量を x_2 とする．また消費者1および消費者2の需要関数をそれぞれ(1), (2)のように表されるとする．

$$p = -\frac{1}{3}x_1 + 15 \tag{1}$$

$$p = -\frac{1}{2}x_2 + 10 \tag{2}$$

このときの市場需要関数を求めよ．

(解説) 市場需要関数はこの財の市場の需要量 $x(=x_1+x_2)$ と価格 p で表される．まず，$10 \leq p \leq 15$ ならば $x_2=0$ であるから，消費者1の需要関数が市場需要関数になるから

$$p = -\frac{1}{3}x + 15 \quad (10 \leq p \leq 15)$$

となる．

つぎに $0 \leq p \leq 10$ の場合，消費者1および消費者2の需要関数(1), (2)を逆需要関数の形に書き換えると，

$$x_1 = -3p + 45 \tag{3}$$

$$x_2 = -2p + 20 \tag{4}$$

となる．よって(3), (4)より
$$x = x_1 + x_2 = -5p + 65 \tag{5}$$
となり，(5)を書き換えて
$$p = -\frac{1}{5}x + 13 \quad (0 \leq p \leq 10)$$
が得られる．

したがって求める市場需要関数は
$$p = -\frac{1}{3}x + 15 \quad (10 \leq p \leq 15)$$

$$p = -\frac{1}{5}x + 13 \quad (0 \leq p \leq 10)$$

問題 1.11 ある財の量を x，価格を p とする．いまこの財の市場には消費者1と消費者2がいるとし，消費者1の需要量を x_1，消費者2の需要量を x_2 とする．また消費者1および消費者2の需要関数をそれぞれ(1), (2)のように表されるとする．

$$p = -\frac{1}{2}x_1 + 10 \quad (x_1：消費者1の需要量) \tag{1}$$

$$p = -x_2 + 20 \quad (x_2：消費者2の需要量) \tag{2}$$

このときの市場需要関数を求めよ．

9．需要の弾力性

需要の所得弾力性

第4, 5節で述べたように，所得（予算）や価格が変化するとき，消費者の均衡点は移動し，需要が変化する．この所得や価格の変化に対する需要の変化は，消費者の嗜好や財の種類によってその程度は異なる．したがってその変化の程度を示す指標があった方が経済分析には都合がよい場合が多い．そこでまず所得の変化に対して需要がどの程度反応して変化するかを示す指標を考えてみよう．それは需要の所得弾力性 (income elasticity of demand)

といわれ，所得1％の変化に対して需要が何％変化したかを表す．それは

$$需要の所得弾力性 = \frac{\dfrac{需要の変化量}{もとの需要量}}{\dfrac{所得の変化量}{もとの所得}}$$

と表すことができる．

例えば所得が1,000円から1,200円に上昇したとき，需要が6から10に増加したならば，このときの需要の所得弾力性は，

$$e_i = \frac{(10-6)/6}{(1200-1000)/1000} = \frac{4/6}{200/1000} = \frac{10}{3}$$

一般に，所得がIから$I+\Delta I$にΔIだけ増加したとき，需要がxから$x+\Delta x$にΔxだけ増加したとすれば，需要の所得弾力性e_iは

$$e_i = \frac{\Delta x/x}{\Delta I/I} = \frac{\Delta x}{\Delta I} \times \frac{I}{x}$$

と表される．

この所得の弾力性の概念を用いれば，第4節で述べた正常財については，所得が増えれば需要も増えるから，すなわち$\Delta I>0$ならば$\Delta x>0$であるから$\Delta x/\Delta I>0$となり，所得の弾力性は正である．また中立財は$\Delta I>0$であっても$\Delta x=0$であるから，所得の弾力性は0である．さらに下級財は正常財とは逆に$\Delta I>0$ならば$\Delta x<0$となるから，$\Delta x/\Delta I<0$となり，所得の弾力性は負である．

例題 1.12 第1財の量をx_1，価格をp_1，第2財の量をx_2，価格をp_2とし，所得をIとする．いま，第1財の需要関数が

$$x_1 = x_1(p_1, p_2, I) = -p_1 + 2p_2 + 2I + 3 \tag{1}$$

で与えられたとしよう．$x_1=6$, $p_1=4$, $p_2=2$のときの需要の所得弾力性を求めよ．

(解説)

$$\frac{\partial x_1}{\partial I} = 2 \tag{2}$$

となる．また $x_1=6$, $p_1=4$, $p_2=2$, (1)より $I=\dfrac{3}{2}$ であるから，(1), (2)より需要の所得弾力性 e_I は

$$e_I = \frac{\partial x_1}{\partial I} \times \frac{I}{x_1} = 2 \times \frac{\dfrac{3}{2}}{6} = \frac{1}{2}$$

となる．

問題 1.12 第1財の量を x_1, 価格を p_1, 第2財の量を x_2, 価格を p_2 とし，所得を I とする．いま，第1財の需要関数が

$$x_1 = x_1(p_1, p_2, I) = -\frac{1}{2}p_1^2 + p_2 + \frac{1}{3}I + 10 \tag{1}$$

で与えられたとしよう．$x_1=1$, $p_1=6$, $p_2=7$ のときの需要の所得弾力性を求めよ．

需要の価格弾力性

次に，価格の変化に対して需要がどの程度の反応を示すかを表す指標として用いられる需要の価格弾力性（price elasticity of demand）について考えよう．それは価格が1％変化したとき，需要が何％変化したかを測ることによって得られる．いま価格が p から Δp だけ上昇して $p+\Delta p$ になり，その結果需要が x から Δx だけ増加して $x+\Delta x$ になったとしよう．このときの需要の価格弾力性 e_d は，その値がプラスになるようにマイナスの符号をつけて，

$$e_d = -\frac{\Delta x/x}{\Delta p/p} = -\frac{\Delta x}{\Delta p} \times \frac{p}{x}$$

と表される．例えば，価格が100円のとき需要が8であったものが，価格が120円に上がったとき需要が6になったとすると，$x=8$, $p=100$, $\Delta x=-2$, $\Delta p=20$ であるから，

$$e_d = -\frac{-2}{20} \times \frac{100}{8} = \frac{5}{4}$$

となる．需要の価格弾力性 e_d は1より大きいとき弾力的，1のとき弾力性1，1より小さいとき非弾力的といわれる．したがって，この例は弾力的な

例題 1.13 需要曲線が直線で
$$p = -2x + 10$$
で与えられたとき，異なる2つの点をとって弾力性の値が異なることを示しなさい．

（解説） $\Delta x/\Delta p$ は直線の傾き -2 の逆数になるから，$\Delta x/\Delta p = -1/2$ となること，および $x=1$ のとき $p=8$ であることを考慮すれば，$x=1$ における需要の価格弾力性は
$$e_d|_{x=1} = -\left(-\frac{1}{2} \times \frac{8}{1}\right) = 4$$
となる．同様にして $x=3$ における需要の価格弾力性を求めると
$$e_d|_{x=3} = -\left(-\frac{1}{2} \times \frac{4}{3}\right) = \frac{2}{3}$$
となり，異なる値になっている．

問題 1.13 第1財の量を x_1，価格を p_1 とする．いま逆需要関数を
$$p_1 = -\frac{3}{2}x_1 + 15 \tag{1}$$
とするとき，$x_1=4$ における需要の価格弾力性を求めよ．

10. 労働の供給

余暇と労働

本節では，いままで行ってきた分析方法を用いて，生産要素のひとつである労働の供給がどのように決定されるかを分析しよう．

いま，ある人が1日（24時間）のうち，労働することによって得られる所得（賃金額）と自由時間（以下，余暇時間という）を決める問題に直面しているとする．1時間当りの賃金を1,000円とすれば，1日6時間働けば所得は $1000 \times 6 = 6000$ 円で余暇時間は $24-6=18$ 時間となる．このように所得と余暇時間の関係は，労働時間が $24-$ 余暇時間となるので，

第 1 章　消費者の行動　　27

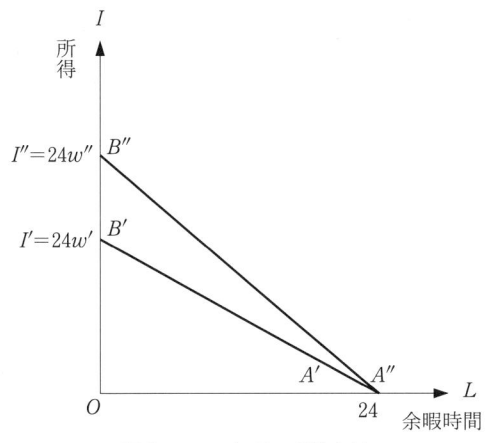

図表 1.14　余暇・所得直線

所得＝賃金×（24－余暇時間）すなわち

所得＝賃金×24－賃金×余暇時間

となる．

　一般に，所得を I，1 時間当りの賃金を w' 円，1 日の余暇時間を L とすれば，所得 I と余暇時間 L の関係は，労働時間が $(24-L)$ 時間となるので，

$$I = w'(24-L) \text{ すなわち } I = -w'L + 24w'$$

となる．

　これを図示すると図表 1.14 の直線 $A'B'$ となる．これを余暇・所得直線と呼ぶことにする．余暇・所得直線 $A'B'$，および $A''B''$ は，自由に使える時間が 24 時間という制約のもとに，1 時間当りの賃金 w'，w''（$w' < w''$）が与えられたときの可能な所得（あるいは労働時間）と余暇時間の組を表している．

例題 1.14　ある人Ａが 1 日の所得 8,000 円と余暇時間を 16 時間欲しいと希望しているとする．Ａの希望を達成するには，1 時間当り最低どのくらいの賃金がなければならないか．またその賃金のもとで，Ａが余暇時間より 1 日の所得 8,000 円以上を得ることを優先した場合は余暇・所得直線の範囲はどのようになるかを描きなさい．

（解説）　余暇時間を 16 時間とすれば，労働時間は 24－16＝8 時間となる．

1時間当りの賃金を w 円とすれば，1日8時間働けば所得は $8w$ 円となる．所得は 8,000 円であるから，

$$8000 = w(24-16) = 8w$$

となる．ゆえに，$w=1000$．したがってその賃金のもとで1日の所得 8,000 円以上を得るためには，8時間以上働かなければならないので，余暇時間は 16 時間以下となり余暇・所得直線の範囲は図の太線のようになる．

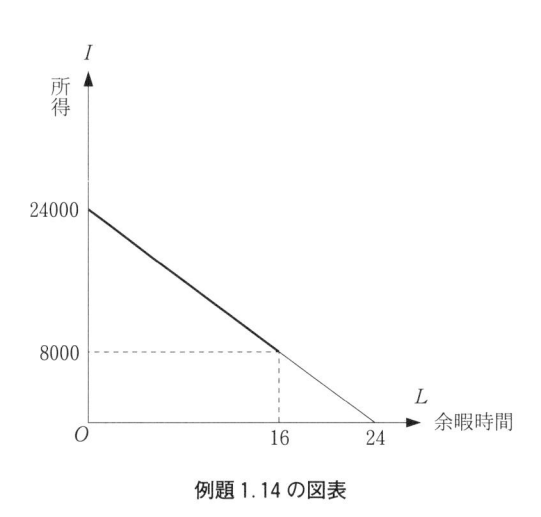

例題 1.14 の図表

問題 1.14 ある人が1日の所得 7,000 円と余暇時間を 19 時間欲しいと希望しているとする．このときこの人の希望を達成するには，1時間当り最低どのくらいの賃金がなければならないか．またそのときの余暇・所得直線を描きなさい．

最適労働供給

次に，所得・余暇の無差別曲線を考え，上で述べた予算線をもとに最適な労働供給を求めてみよう．いま余暇 14 時間（労働 10 時間）と所得 8,000 円の組 (14, 8000) があったとする．この人にとってこの組 (14, 8000) と余暇 18 時間（労働 6 時間）と所得 5,000 円の組 (18, 5000) が同じ効用水準（満足）U' を与える，すなわち無差別であるとしよう．このほかに

(14, 8000) と無差別な組は数多くあると考えられるこれらの無差別な点を結んでいけば無差別曲線が得られる（図表 1.15(a)）．さらに所得と余暇時間の組は無数に考えられ，それらに対して無差別な組も無数にある．このような無差別曲線は平面をおおいつくすほど無数にある（図表 1.15(a)）．

第 3 節で消費の最適点を求めたと同じように労働の最適供給は，所得・余暇の無差別曲線と余暇・所得直線をあわせて考えることによって，みいだすことができる．それは予算線と無差別曲線が接する点で与えられる．図表 1.15(b) においては，1 時間当りの賃金が w' のときの予算線と無差別曲線との接点すなわち最適点が W^* で示されており，このときの最適余暇時間は L^* であり，最適労働時間は $24-L^*$ である．

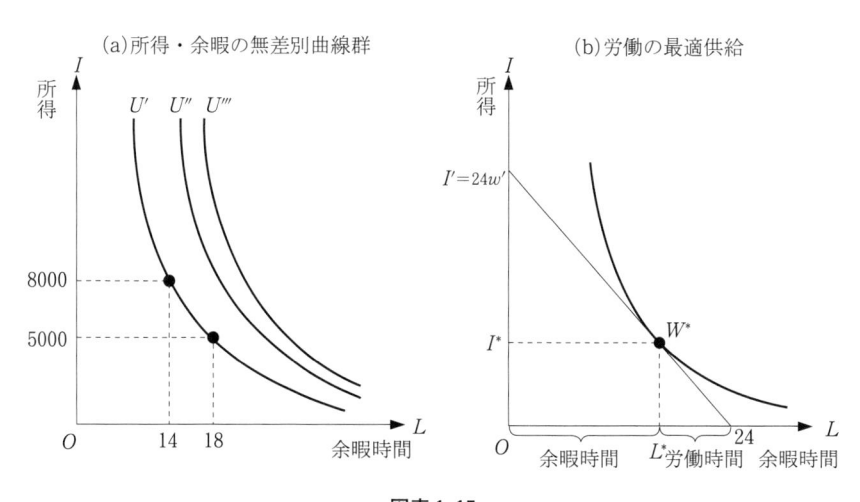

図表 1.15

例題 1.15 I を 1 日の実質所得，L を 1 日に余暇にあてる時間（単位：時間）とし，実質賃金を 1 時間 3 とする．このとき最適労働時間を求めよ．ただし，効用関数は

$$U = U(I, L) = I(L-3) \quad (L \geq 3) \tag{1}$$

とする．

(解説) 1 日に 24 時間働けば労働時間は 24 で，そのときの実質所得は 3×

24＝72 である．

したがって，余暇時間を L 時間とれば，労働期間は $(24-L)$ 時間となり，実質所得は $3\times(24-L)$ となる．よって $I=3(24-L)$ である．これを効用関数(1)に代入すると

$$U=3(24-L)(L-3)=-3L^2+81L-216 \tag{2}$$

となる．効用を最大にする余暇時間は

$$\frac{dU}{dL}=0$$

をみたす L となる．ゆえに(2)より

$$\frac{dU}{dL}=-6L+81=0$$

とすれば，$L=\dfrac{27}{2}=13\dfrac{1}{2}$ が得られる．よって最適な労働時間は $24-13\dfrac{1}{2}=10\dfrac{1}{2}$ となる．すなわち 10 時間 30 分である．

問題 1.15 I を 1 日の実質所得，L を 1 日に余暇にあてる時間（単位：時間）とし，実質賃金を 1 時間 2 とする．このとき最適労働時間を求めよ．ただし，効用関数は

$$U=U(I,L)=(I+1)(L-1) \quad (L\geq 1) \tag{1}$$

とする．

11. 消費者余剰

消費者余剰

一般に購入量が多くなるほど消費者の効用が大きくなるが，ここでは消費によって効用が貨幣で測定できる場合を考えてみよう．

いま，ある消費者Aがリンゴを購入するときに，1 単位ごとの金額を考える．まずAがリンゴの最初の 1 単位（1 個目）を購入するのに支払ってよいと思う金額（評価値）を 200 円とする．また，つぎの 2 単位目に対して支払ってよいと思う金額を 150 円とする．もしAがリンゴを 2 単位購入するならば，

第1章 消費者の行動

このとき支払ってよいと思う金額は 200＋150＝350 となる．さらに，3 単位目に対して支払ってよいと思う金額を 120 円とすると，Aがリンゴを 3 単位購入したとき，支払ってよいと思う金額は 200＋150＋120＝470 となる．このように消費量が増えるごとに支払ってよいと思う金額は増加する．しかし，一般に，増加する 1 単位に対する支払ってよいと思う金額は減少する．図表 1.16(a) はAがリンゴを 5 単位購入するときの様子を表しており，このとき 5 単位までの購入に対して支払ってよいと思う金額は，図表 1.16(a) において棒グラフ全部を足したものすなわち 200＋150＋120＋100＋90＝660 となる．

そこでいまリンゴの価格が 1 単位当り 110 円としよう．もし消費者Aが 3 単位購入するならば，支払ってよいと思う金額は 470 円であるが，実際支払う金額は 110×3＝330 円である．したがってAは 470－330＝140 円だけ支払わずに済んだことになる．これを消費者余剰という．つまり消費者余剰とは支払うつもりであったが，支払わずに済んだ金額のことである．この場合の消費者余剰は図表 1.16(a) の斜線部分である．

一般に，消費者がある財を購入する場合，1 単位目，2 単位目，3 単位目，4 単位目，……，n 単位目に対して支払ってよいと思う金額を $p_1, p_2, p_3, p_4, \ldots, p_n$ とすると，この消費者がこの財を n 単位購入したとき，支払ってよ

図表 1.16

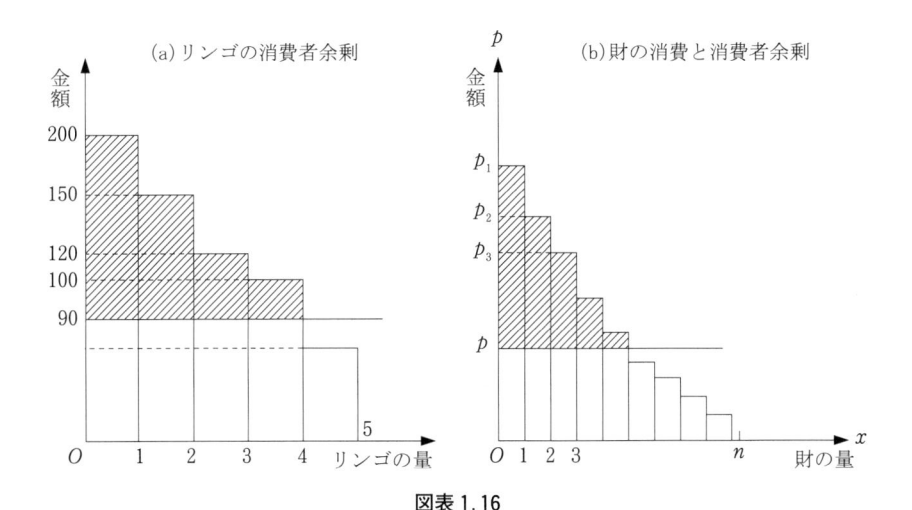

いと思う金額は $p_1+p_2+p_3+\cdots\cdots+p_n$ となり，図表 1.16(b) の棒グラフ全部を足したものとなる．このとき価格が p ならば，消費者余剰は図表 1.16(b) の斜線部分である．

例題 1.16 消費者 A がある財に対して，1 単位目に対しては 2,000 円，2 単位目に対しては 1,800 円，3 単位目に対しては 1,600 円というように，1 単位ごとに 200 円ずつ支払ってよいと思う金額を下げていくとする．このとき A がこの財を 3 単位以上購入するならば，消費者余剰が 4,800 円になるための財の価格と購入量の組み合わせで誤りはつぎのうちどれか．

(1) 価格は 300 円で購入量が 3 である．
(2) 価格は 450 円で購入量が 4 である．
(3) 価格は 600 円で購入量が 5 である．
(4) 価格は 700 円で購入量が 6 である．

(解説) (4) が正しい．

(1) 支払ってよいと思う額は 2000＋1800＋1600＝5400 であり，実際支払う額は 300×3＝900 であるから，消費者余剰は 5400－900＝4500 となり，誤りである．

(2) 支払ってよいと思う額は 2000＋1800＋1600＋1400＝6800 であり，実際支払う額は 450×4＝1800 であるから，消費者余剰は 6800－1800＝5000 となり，誤りである．

(3) 支払ってよいと思う額は 6800＋1200＝8000 であり，実際支払う額は 600×5＝3000 であるから，消費者余剰は 8000－3000＝5000 となり，誤りである．

(4) 支払ってよいと思う額は 8000＋1000＝9000 であり，実際支払う額は 700×6＝4200 であるから，消費者余剰は 9000－4200＝4800 となり，正しい．

問題 1.16 いまある消費者がある財に対して，x 単位目 $(0 \leq x \leq 10)$ に対して $(2000-200x)$ 円支払ってよいと思っているとする．このとき 3 単位購入したとき消費者余剰が 3,000 円であるためには，価格はいくらでなければならないか．

第1章 消費者の行動　　　33

需要曲線と消費者余剰

　次に1単位の目盛りが非常に小さい場合を考えてみよう．図表1.17のように財の1単位の消費量に対する価格がp_1，つぎの2単位目の消費量に対してはp_2というようにして，x_d単位目の消費量に対してはp_dとなっているとしよう．$x_1=1$，$x_2=2$，……，$x_d=d$，……とすれば，消費者は最初の1単位目に対して$Ox_1d_1p_1$だけ支払ってもよいと考えているということができる．またつぎの1単位に対しては$x_1x_2d_2d_1$だけ，したがって2単位までは$Ox_1d_1p_1+x_1x_2d_2d_1$だけ支払ってよいと考えている．このように考えていけば，x_d単位の消費量に対して消費者は結局$Ox_d dd_0$の中の棒グラフ全部の面積分の金額を支払ってもよいと思っている．そこで目盛りとしての1単位の大きさをきわめて小さくとっていけば棒グラフは小きざみになり，さらにもっと小さくとっていくと棒グラフのきざみはなめらかな曲線に見えるようになる．そし

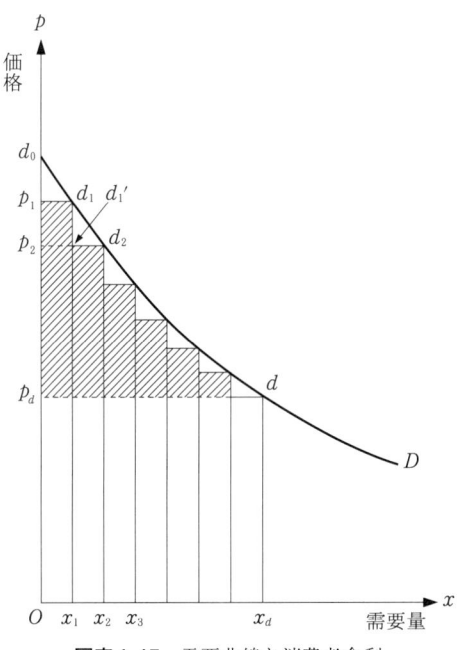

図表 1.17　需要曲線と消費者余剰

てこの曲線は x 単位目に対する支払ってもよいと思う評価額を表しているとみることができ，消費者の需要曲線とみることができる．また棒グラフ全部の面積も結局 $Ox_d dd_0$ の面積になる．

一方，価格 p_d が与えられれば，消費者が実際に支払う金額は $p_d \times x_d$ である．これは $Ox_d dp_d$ の面積に等しく，消費者余剰を表す．

例題 1.17　需要曲線を財の量 x，価格 p に対して
$$p = -2x + 20$$
で表されているとする．このとき消費者余剰が 64 円以上であるためには，価格はいくら以下でなければならないか．

(解説)　消費者余剰が 64 円となる価格を p とすると，消費者余剰は図の斜線部分であるから，それを求める式は
$$\frac{1}{2}(20-p)x = \frac{1}{2}(20-(-2x+20))x = x^2 = 64 \text{ すなわち } x = 8$$
である．したがって $p=4$ となり，価格が 4 円以下であれば消費者余剰は 64 円以上になる．

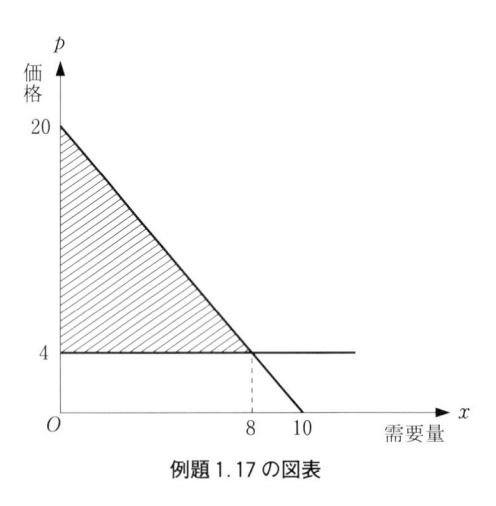

例題 1.17 の図表

問題 1.17　需要曲線を財の量 x，価格 p に対して
$$p = -\frac{1}{2}x + 20$$

で表されているとする．このとき消費者余剰が64円以上であるためには，価格はいくら以下でなければならないか．

章末問題

問題1 X財の量をx，Y財の量をyとし，効用関数Uを
$$U(x,y)=2(2x+1)(y+2)$$
とする．財の組$W=(3,5)$に対して，Y財が1単位減少したとき，同じ効用水準を保つためにはX財の量はいくら増加しなければならないか．

問題2 X財の量x，Y財の量yに対して，効用関数Uが
$$U(x,y)=x^2-2x+2y$$
とする．効用水準が$U=16$であるときの$x=3$におけるX財のY財に対する限界代替率を求めよ．

問題3 X財の量をx，Y財の量をyとし，所得が$I=1200$円とする．X財の価格が30円，Y財の価格が40円で，効用関数が
$$U(x,y)=\left(\frac{1}{2}x+4\right)y$$
のときの消費の最適点および効用水準の大きさを求めよ．

問題4 「豊作貧乏」の現象を需要の価格弾力性を用いて説明しなさい．

参考文献

伊藤元重『ミクロ経済学』日本評論社，1993年．
岩田規久男『ミクロ経済学入門』日本経済新聞社，1997年．
江副憲昭・是枝正啓編『ミクロ経済学』勁草書房，2001年．
江副憲昭・是枝正啓編『ミクロ経済学講義・演習』勁草書房，2005年．
西村和雄『ミクロ経済学入門』岩波書店，1995年．

第2章　生産者の行動

　第2章では，完全競争のもとで，生産者が利潤を最大にするように行動するとき，財・サービスの購入の生産量がどのように決定されるかを分析し，それをもとに生産者の行動を表す供給曲線を導出する．また，費用曲線と供給曲線の関係，供給曲線の弾力性について述べるとともに，生産者余剰についても分析する．このような分析をもとに，各種の例題を取り上げ，それらの解法について解説する．

1．生産者の行動と生産関数

生産者の利潤最大化行動

　完全競争市場においては企業が投入する労働や原材料などの生産要素および生産する生産物の価格は企業がコントロールできないもの，すなわち与えられたものとみなされる．以下では，与えられた価格に対して，企業は利潤を最大にするために生産量をどのような水準に決定するかについて明らかにする．
　まず，利潤は生産物の販売収入から生産に要した費用を引いたものであるから

　　　利潤 ＝ 収入 － 費用

と書ける．収入は価格が一定であるから生産量（販売量）に比例して増えるが，生産量は一般に労働や原材料などの投入量に比例して増えない．生産量

と投入量の関係を決めるのは生産技術である．よって生産物の生産量および販売収入は生産技術に基本的に依存することになる．また生産技術が低ければ生産効率も低いであろうから同じ生産量をもたらすのにより多くの投入を要し，そのためより多くの費用がかかるであろう．したがって費用も生産技術に依存するところが大きいといえる．このように，収入，費用および利潤を求めるには投入と生産の関係を規定する生産技術を考慮することが必要である．

生産関数

企業が財・サービスを生産するために投入する生産要素は固定的生産要素と可変的生産要素の2つに大別される．固定的生産要素は，一定期間固定された生産要素で土地，工場設備，長期の借り入れ資本などがこれにあたる．労働力，原材料，燃料・動力などの生産要素は，固定的生産要素の生産力の範囲内で生産量の増加に応じて増えるので，可変的生産要素といわれる．以下ではまず短期における生産量の決定を考える．

一般に，企業は多種類の生産要素を投入して多種類の生産物を生産している．

このような投入と産出の関係を一般的に表すと次のようになる．いま n 種類の投入物から m 種類の生産物が最も効率よく生産されている場合を考えてみよう． n 種類の投入物を投入物1，投入物2，……，投入物 n ，それらの量を $x_1, x_2, \cdots\cdots, x_n$ とし，また m 種類の生産物を生産物1，生産物2，……，生産物 m ，それらの量を $y_1, y_2, \cdots\cdots, y_m$ とする．投入物と生産物の量的関係はその企業が用いている生産技術によって決まる．生産技術全体を記号で F と書くと，投入量と最大可能生産量（以下，単に生産量という）の関係は図式的には，投入量と生産量の組をそれぞれ $(x_1, x_2, \cdots\cdots, x_n)$, $(y_1, y_2, \cdots\cdots, y_m)$ とすると

$$(x_1, x_2, \cdots\cdots, x_n) \xrightarrow{F} (y_1, y_2, \cdots\cdots, y_m)$$

のように表せる．そこで，まず投入物と生産物がどちらも1つの場合を考えることにしよう．このようなケースは実際には稀であるが，他種類の生産要

第 2 章 生産者の行動

素のうち 1 つだけが可変で，他は固定された量で生産が行われると考えればよい．投入の生産要素が 1 種類の場合は，投入量と生産量をそれぞれ x, y とし生産技術を F とすれば，

$$x \xrightarrow{F} y$$

と書ける．

　生産技術によってきまる投入量と生産量の関係を数量的にとらえるために関数の形で表したのが生産関数であり，生産技術が具体的に関数の形で表されたものと考えればよい．生産関数を F と書くことにすれば，以上のことは

$$F(x) = y$$

と表せる．

　例えば，労働だけで何かを生産する場合を考え，労働の投入と生産量の関係が図表 2.1 のようであったとする．

　この関係を式で表すと

$$y = F(x) = 2x$$

となる．また図で表すと図表 2.2 のような直線になり，これを生産物曲線という．

　次に，投入物が 2 種類で，生産物が 1 種類の場合，すなわち 2 投入物 1 産出物の場合を考えてみよう．いま，2 種類の生産要素の労働と資本に対して，財の生産量が 1 と 1 に対して 2，4 と 4 に対して 4，9 と 9 に対して 6 のようであったとする．

　この関係を式で表すと，労働と資本の量 x_1, x_2，財の量 y に対して

$$y = F(x_1, x_2) = \sqrt{x_1} + \sqrt{x_2}$$

と表すことができる．また図で表すと図表 2.3 のようになる．これを生産曲面という．

図表 2.1 1 投入 1 生産物の場合

労働投入量(時間) x	1	2	3	4	5
生　産　量 y	2	4	6	8	10

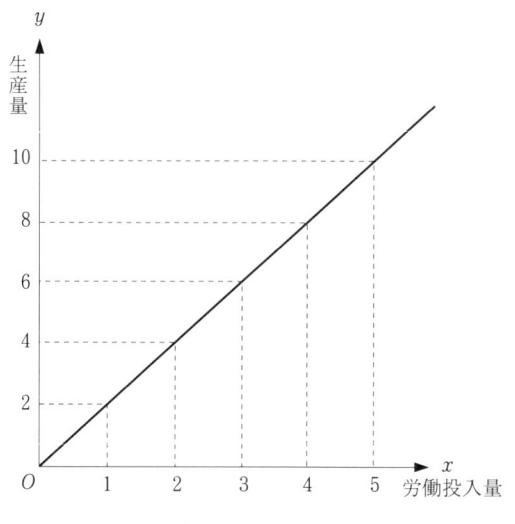

図表 2.2　生産物曲線

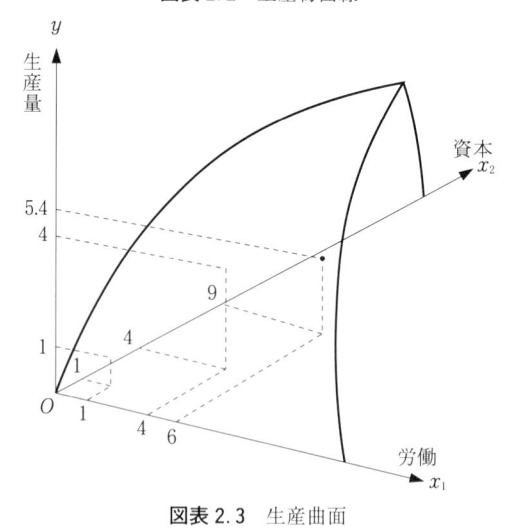

図表 2.3　生産曲面

例題 2.1　2つの生産要素の労働の投入量を x_1，資本の投入量を x_2，生産量を y とする．いま労働の投入量が 4，資本の投入量が 2 のとき，生産量が 10 とすると，生産関数としてどのようなものが考えられるか，$y=F(x_1, x_2)$ の形の生産関数の例を示しなさい．

(**解説**) $x_1=4$, $x_2=2$ のとき, $y=10$ となる生産関数は数多く考えられる. 簡単なものとして,

$$F(x_1, x_2)=2x_1+x_2 \qquad F(x_1, x_2)=\frac{5}{4}x_1x_2$$

等がある. また, より複雑なものとして

$$F(x_1, x_2)=\frac{3}{2}x_1+x_2^2 \qquad F(x_1, x_2)=\frac{5}{2}x_1^{\frac{1}{2}}x_2$$

等がある.

問題 2.1 2つの生産要素の労働と資本の投入量を x_1, x_2, 生産量を y とする. いま労働の投入量が 6, 資本の投入量が 8 のとき, 生産量が 36 とすると, 生産関数としてどのようなものが考えられるか, $y=F(x_1, x_2)$ の形の生産関数の例を示しなさい.

規模の経済性

投入量と生産量の関係を表す生産関数は, 投入量の増加に対する生産量の増加の仕方によって, 3つのタイプに分けることができる. 1投入1生産物の場合, 生産要素が同時に比例的に増加したとき, 第1は生産量がその比例以上に増加する場合 (図表2.4(a)), 第2はその比例と同じく増加する場合 (図表2.4(b)), 第3は増加はその比例以下である場合 (図表2.4(c)) の3つのケースが考えられる. 第1の場合を規模に関して収穫逓増, 第2の場合を規模に関して収穫一定, 第3の場合を規模に関して収穫逓減という.

以上の3つの規模に関する収穫の概念を式で定義すると次のようになる. 生産関数 $F(x_1, x_2)$ に対して, 2つの生産要素の投入量を同時に $\alpha(>1)$ 倍して αx_1, αx_2 となったとき,

$$F(\alpha x_1, \alpha x_2) > \alpha F(x_1, x_2) \tag{2-1}$$

となるならば, 規模に関して収穫逓増である. 一方

$$F(\alpha x_1, \alpha x_2) = \alpha F(x_1, x_2) \tag{2-2}$$

となるならば, 規模に関して収穫一定であり, さらに

$$F(\alpha x_1, \alpha x_2) < \alpha F(x_1, x_2) \tag{2-3}$$

となるならば, 規模に関して収穫逓減である.

(a) 規模に関して収穫逓増　　(b) 規模に関して収穫一定　　(c) 規模に関して収穫逓減

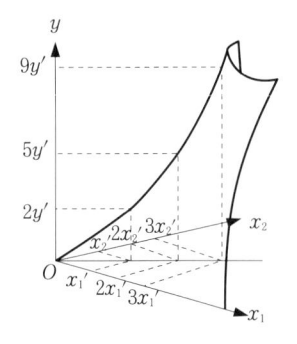

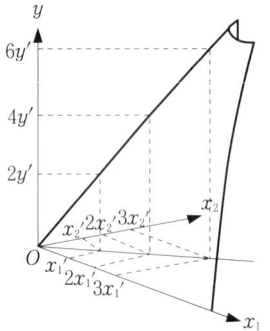

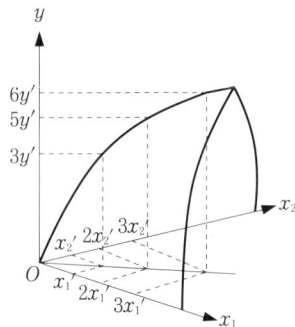

図表 2.4　規模に関する収穫

例題 2.2　2つの生産要素の投入量を x_1, x_2 とする．生産関数 F が生産量 y に対して，

(1) $y = F(x_1, x_2) = \dfrac{1}{3} x_1^{\frac{1}{2}} + \dfrac{1}{3} x_2^{\frac{1}{2}}$

(2) $y = F(x_1, x_2) = 2 x_1^{\frac{1}{3}} x_2^{\frac{2}{3}}$

(3) $y = F(x_1, x_2) = \dfrac{1}{2} x_1^{\frac{1}{2}} x_2$

で与えられたとき，それぞれ規模に関する収穫は一定か，逓増か，それとも逓減か．

(解説)

(1) $F(\lambda x_1, \lambda x_2) = \dfrac{1}{3}(\lambda x_1)^{\frac{1}{2}} + \dfrac{1}{3}(\lambda x_2)^{\frac{1}{2}} = \dfrac{1}{3}\lambda^{\frac{1}{2}} x_1^{\frac{1}{2}} + \dfrac{1}{3}\lambda^{\frac{1}{2}} x_2^{\frac{1}{2}}$
$= \lambda^{\frac{1}{2}} \left(\dfrac{1}{3} x_1^{\frac{1}{2}} + \dfrac{1}{3} x_2^{\frac{1}{2}} \right) = \lambda^{\frac{1}{2}} F(x_1, x_2) < \lambda F(x_1, x_2)$

$(\because \lambda^{\frac{1}{2}} < \lambda\ となるから)$

となり，(1) は収穫逓減のケースである．

(2) $F(\lambda x_1, \lambda x_2) = 2(\lambda x_1)^{\frac{1}{3}}(\lambda x_2)^{\frac{2}{3}} = 2(\lambda^{\frac{1}{3}} x_1^{\frac{1}{3}})(\lambda^{\frac{2}{3}} x_2^{\frac{2}{3}})$
$= \lambda^{\frac{1}{3}+\frac{2}{3}} (2 x_1^{\frac{1}{3}} x_2^{\frac{2}{3}}) = \lambda (2 x_1^{\frac{1}{3}} x_2^{\frac{2}{3}}) = \lambda F(x_1, x_2)$

となるから，(2) は収穫一定のケースである．

(3)　$F(\lambda x_1, \lambda x_2) = \dfrac{1}{2}(\lambda x_1)^{\frac{1}{2}}(\lambda x_2) = \dfrac{1}{2}(\lambda^{\frac{1}{2}} x_1^{\frac{1}{2}})(\lambda x_2)$

$\qquad\qquad\qquad = \dfrac{1}{2}(\lambda^{\frac{1}{2}} \cdot \lambda)(x_1^{\frac{1}{2}} \cdot x_2)$

$\qquad\qquad\qquad = \lambda^{\frac{3}{2}}(x_1^{\frac{1}{2}} x_2) > \lambda F(x_1, x_2) \qquad (\because \lambda^{\frac{3}{2}} > \lambda \text{ となるから})$

となるから，(3)は収穫逓増のケースである．

問題 2.2　2つの生産要素の投入量を x_1, x_2 とする．生産関数 F が生産量 y に対して，

(1)　$y = F(x_1, x_2) = x_1^{\frac{1}{3}} + x_2^{\frac{1}{3}}$

(2)　$y = F(x_1, x_2) = \dfrac{2}{3} x_1 x_2^{\frac{1}{2}}$

で与えられたとき，それぞれ規模に関する収穫は一定か，逓増か，それとも逓減か．

生産物曲線

生産関数の箇所で触れたように，生産物曲線は，ある1つの生産要素の投入量と生産物の生産量の関係を表した曲線である．1投入物1産出物の場合は，図表2.2が1つの例である．生産要素が多種類の場合は，1つの生産要素に着目して，他の生産要素は一定としたときのその1つの生産要素の投入量と生産物の生産量の関係を表したものとみることができる．

例えば，2投入物1生産物の場合，第1財の投入量 x_1，第2財の投入量 x_2 と生産量 y に対して，生産関数が $y = F(x_1, x_2)$ で表されるとしよう．このとき，第1財の生産物曲線は，$x_2 = b$ （一定）における第1財の投入量 x_1 と生産量 y との関係を表した曲線で，$y = F(x_1, b)$ となる．同様に，第2財の生産物曲線は，$x_1 = a$ （一定）における第2財の投入量 x_2 と生産量 y との関係を表した曲線で，$y = F(a, x_2)$ となる．

例題 2.3　2投入物1生産物の生産関数 F が2つの生産要素の投入量を x_1, x_2, 生産量 y に対して

$$y = F(x_1, x_2) = \dfrac{1}{3} x_1^2 x_2 + 2\sqrt{x_2}$$

で与えられた場合の $x_2=4$ のときの生産物曲線の式を求めなさい．

(**解説**) $x_2=4$ を生産関数に代入すると，つぎのようになる．

$$y=F(x_1,4)=\frac{1}{3}x_1^2\cdot 4+2\sqrt{4}=\frac{4}{3}x_1^2+4$$

問題 2.3 2 投入物 1 生産物の生産関数が 2 つの生産要素の投入量を x_1, x_2, 生産量 y に対して

$$y=F(x_1,x_2)=2x_1^{\frac{1}{2}}x_2^{\frac{1}{2}}+x_1+x_2$$

で与えられた場合の $x_2=3$ のときの生産物曲線の式を求めなさい．

限界生産物

限界生産物とは投入量が 1 単位増加したときの生産量の増加の量のことをいう．2 投入物 1 生産物の場合，第 1 財の投入量を x_1，投入量の増加分を Δx_1，生産量の増加分を Δy としよう．いま，第 2 財の投入量が一定としたときの生産関数が $y=F(x_1)$ と表されるとき，生産量の増加分を Δy は

$$\Delta y=F(x_1+\Delta x_1)-F(x_1)$$

と表すことができる．そこで

$$\frac{\Delta y}{\Delta x_1}=\frac{F(x_1+\Delta x_1)-F(x_1)}{\Delta x_1}$$

を考え，Δx_1 を小さくとっていったときの極限の値

$$\lim_{\Delta x\to 0}\frac{F(x_1+\Delta x_1)-F(x_1)}{\Delta x_1}=\frac{dy}{dx_1}$$

を限界生産物（限界生産力）という．これは幾何学的には，x_2 を一定にしたときのある x_1 における生産物曲線の接線の傾きである．このように定義すれば，例えば生産関数が $F(x_1,x_2)=\frac{1}{4}x_1^2x_2$ で，$x_2=1$ であるとき，上でみたように生産物曲線は

$$F(x_1,1)=\frac{1}{4}x_1^2$$

となるから，$x_1=4$ における限界生産物は

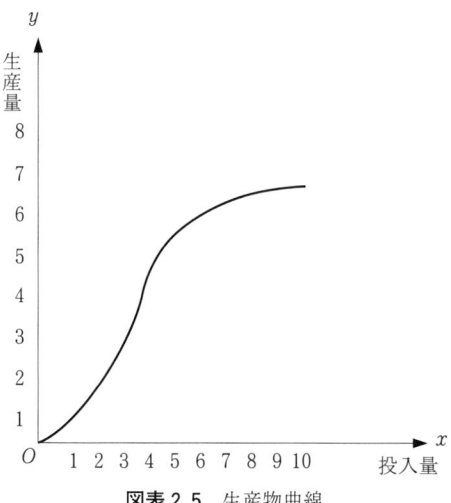

図表 2.5 生産物曲線

$$\lim_{\Delta x_1 \to 0} \frac{F(4+\Delta x_1) - F(x_1)}{\Delta x_1} = \frac{dF(x_1)}{dx_1}\bigg|_{x_1=4} = 2$$

となる.

このような限界生産物の概念を用いて生産関数（生産物曲線）をみた場合，投入量を 0 から増やしていくとあるところまで限界生産物は増加し，それ以後投入量が増えれば逆に減少していく 2 つの状況が合わさった S 字型になっているケースが一般的だと考えられる（図表 2.5）．限界生産物が増加している段階すなわち投入量が 1 単位増えるごとに生産量の増加の量が増えている段階は生産の効率が上昇している段階で生産関数のカーブが下に凸になっており，逆に限界生産物が減少している段階は生産の効率が下がっていく段階で生産関数のカーブが上に凸になっている．

例題 2.4 2 投入物 1 生産物の場合の生産関数が，2 つの投入量 x_1, x_2 と生産量 y に対して

$$y = F(x_1, x_2) = \frac{1}{4} x_1^2 x_2^2$$

であるとする．このとき $(x_1, x_2) = (1, 2)$ における，x_1, x_2 について限界生産物（力）を求めよ．

(**解説**) $x_2=2$ のときの x_1 についての生産物曲線と $x_1=1$ のときの x_2 についての生産物曲線は，それぞれ次のようになる．

$$y = F(x_1, 2) = \frac{1}{4}x_1^2(2)^2 = x_1^2$$

$$y = F(1, x_2^2) = \frac{1}{4}(1)^2 x_2^2 = \frac{1}{4}x_2^2$$

よって $(x_1, x_2) = (1, 2)$ における，x_1, x_2 について限界生産物（力）はつぎのようになる．

$$\frac{dy}{dx_1} = 2x_1 = 2 \times 1 = 2$$

$$\frac{dy}{dx_2} = \frac{1}{4} \times 2x_2 = \frac{1}{4} \times 2 \times 2 = 1$$

問題 2.4 2 投入物 1 生産物の場合の生産関数が，2 つの生産要素の投入量 x_1, x_2 と生産量 y に対して

$$y = F(x_1, x_2) = 2x_1^{\frac{1}{2}} x_2^{\frac{1}{2}}$$

であるとする．このとき $(x_1, x_2) = (4, 9)$ における x_1, x_2 について限界生産物（力）を求めよ．

2．等量曲線と費用の最小化

等量曲線

生産関数が与えられたとき，ある一定の生産量をもたらす生産要素の投入量の組を表す曲線を等量曲線という．すなわち等量曲線は 2 投入物 1 生産物の場合，2 つの生産要素の投入量 x_1, x_2 と生産量 y に対する生産関数 $y = F(x_1, x_2)$ が与えられたとき，一定の生産量 $\bar{y}$ に対して，$\bar{y} = F(x_1, x_2)$ となる投入量 x_1 と x_2 の組を表す．幾何学的には，図表 2.6(a) のように生産関数 $y = F(x_1, x_2)$ の生産曲面をある一定の高さ $\bar{y}$ で水平に切った切り口を上からみたものとなっており，図表 2.6(b) のように原点に対して凸となるような曲線になる．等量曲線は次のような性質をもつ．

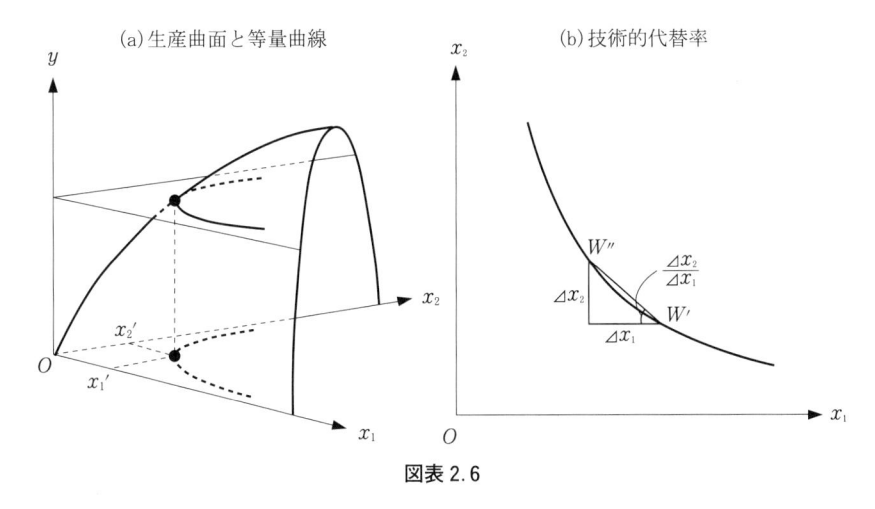

(a) 生産曲面と等量曲線　　　(b) 技術的代替率

図表 2.6

(1) 北東方向にいくほど高い生産量の組を表す．
(2) 等量曲線は右下がりである．
(3) 等量曲線は交わらない．
(4) 原点に対して凸である．

技術的限界代替率

等量曲線の性質は無差別曲線と類似の性質であるので(1)～(3)については説明は要しないが，(4)について若干触れておこう．図表2.6(a)の等量曲線上の W' と W'' は同じ生産量を生産するための2つの投入量の組であるが，W'' から W' に生産を変更しようとすれば第1財を Δx_1 単位増やし第2財を Δx_2 単位減らさなければならない．これらの比の絶対値 $\Delta x_2/\Delta x_1$ を技術的代替率という．ただし第1財の増加分 Δx_1 のとりかたによってその値は異なったものになるので，経済分析では一定の値として第1財の変化分を小さくしていったときの極限値が用いられる．それは次のように定義される．

$$\lim_{\Delta x_1 \to 0} -\frac{\Delta x_2}{\Delta x_1} = -\frac{dx_2}{dx_1}$$

これは第2財の第1財に対する技術的限界代替率といわれ，等量曲線の接線の傾きの絶対値に等しい．図表2.7において W' 点における技術的限界代

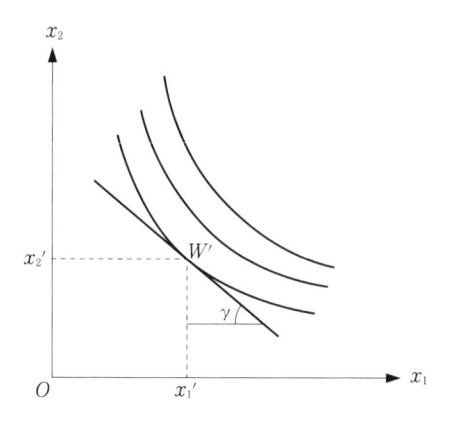

図表 2.7 技術的限界代替率

替率は $-\gamma$ である．(4)の性質は，第 2 財の第 1 財に対する技術的限界代替率が第 1 財が増加するにつれて逓減することを意味し，相対的にその量が増加する財の価値は減少し，相対的にその量が減少する財の価値は増加することを表している．

例題 2.5 2 投入物 1 生産物の生産関数 F が 2 つの生産要素の投入量を x_1, x_2，生産量 y に対して

$$y = F(x_1, x_2) = -\frac{1}{6}x_1^2 + 4x_1 + \frac{1}{2}x_2$$

で与えられた場合，$(x_1, x_2) = (6, 4)$ のときの第 2 財の第 1 財に対する技術的限界代替率を求めなさい．

(解説) 生産関数より $(x_1, x_2) = (6, 4)$ のときの生産量はつぎのようになる．

$$y = F(6, 4) = -\frac{1}{6}\cdot 6^2 + 4\cdot 6 + \frac{1}{2}\cdot 4 = 26$$

したがって，等量曲線は

$$26 = -\frac{1}{6}x_1^2 + 4x_1 + \frac{1}{2}x_2$$

と表されるから技術的限界代替率の式は

$$\frac{dx_2}{dx_1} = \frac{2}{3}\cdot x_1 - 8$$

となり，$x_1=6$ における値は

$$\left.\frac{dx_2}{dx_1}\right|_{x_1=6}=\frac{2}{3}\cdot 6-8=-4$$

となる．

問題 2.5 2投入物1生産物の生産関数が2つの生産要素の投入量を x_1, x_2, 生産量 y に対して生産関数が

$$y=F(x_1, x_2)=2x_1x_2$$

で与えられた場合，$(x_1, x_2)=(3,4)$ のときの第2財の第1財に対する技術的限界代替率を求めなさい．

費用の最小化

生産物が1種類で生産要素が労働と資本の2種類の場合を考えよう．労働を L_1 単位，資本を K_1 単位用いたときの費用 C_1 は，労働1単位の価格を w, 資本1単位の価格を r とすると，

$$C_1=wL_1+rK_1$$

となる．この L_1 と K_1 の組と同じ費用を与える組は，

$$C_1=wL+rK \tag{2-4}$$

をみたす L と K の組で，(2-4)式で表される直線の上の点である．この直線はすべて同じ費用 C_1 を要する労働と資本の組なので，等費用線といわれる（図表2.8参照）．(2-4)は書き直せば

$$K=-\frac{w}{r}L+\frac{C_1}{r} \tag{2-5}$$

となり，等費用曲線の傾きは労働と資本の価格比にマイナスをつけたものすなわち $-\frac{w}{r}$ であることがわかる．もし $C_1<C_2$ ならば

$$K=-\frac{w}{r}L+\frac{C_2}{r}$$

をみたす L と K の組は(2-5)の直線を上方に $\frac{C_2-C_1}{r}$ だけ平行移動した直線上の点として表される．

いま生産物 y_1 単位の等量曲線が図表2.8のように描かれたとし，その上

図表 2.8 費用の最小点

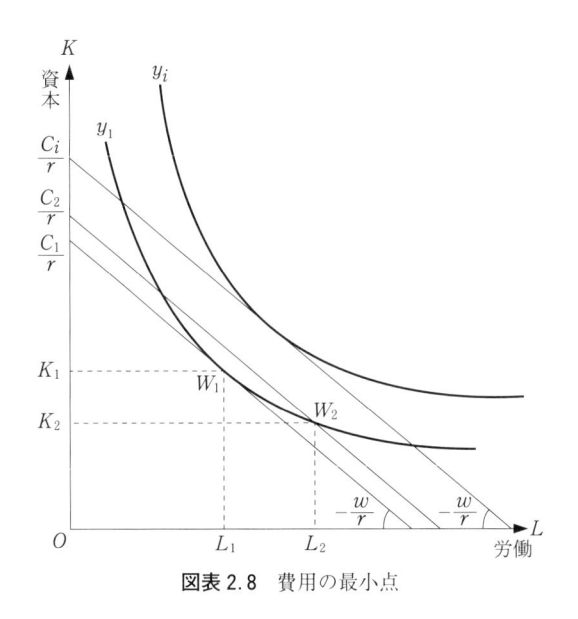

の 2 つの点 $W_1=(L_1, K_1)$ と $W_2=(L_2, K_2)$ をとり，W_1 点は (2-4) の直線上の点で W_2 点は (2-5) の直線上の点であるとしよう．もし図表 2.8 のように (2-4) の直線が等量曲線と接し，W_1 点がその接点であるならば，労働 L_1 と K_1 は Y_1 単位の生産物を生産するための最小の費用 C_1 をあたえる組である．それは等量曲線 (4) の性質により生産量が異なれば等量曲線の接線の傾きも異なるから，傾き $-\dfrac{w}{r}$ をもち等量曲線 y_1 に接する直線はただ 1 つしか存在しないこと，および W_2 点を含めて W_1 点以外の等量曲線 y_1 上の点は (2-4) の直線よりも上方の直線上の点すなわち C_1 より多くの費用を要する労働と資本の組であることからわかる．また等量曲線 y_1 上の点 W_1 における接線は (2-4) の等費用線そのものであるので，技術的限界代替率と労働と資本の価格比が等しいときにかぎって費用が最小になることがわかる．

例題 2.6 労働量を L，資本量を K とし，生産量 y に対して生産関数が

$$y = F(L, K) = \frac{1}{2} LK \tag{1}$$

で与えられたとする．また労働，資本それぞれの価格を 5, 10 とする．いま，費用が 400 のとき，最大の生産量はいくらか．

(**解説**) 費用を 400 とすれば，費用線は

$$400=10K+5L \quad \text{すなわち} \quad K=-\frac{1}{2}L+40 \tag{2}$$

となる．(2)を(1)に代入すれば

$$y=\frac{1}{2}LK=\frac{1}{2}L\left(-\frac{1}{2}L+40\right)=-\frac{1}{4}L^2+20L \tag{3}$$

となる．生産量最大化の条件は

$$\frac{dy}{dL}=-\frac{1}{2}L+20=0$$

であるから，$L=40$ が得られる．これを(2)に代入して $K=20$ が得られ，これを(1)に代入すれば，最大生産量は 400 となる．

問題 2.6 労働量を L，資本量を K とし，生産量 y に対して生産関数が

$$y=F(L,K)=2LK \tag{1}$$

で与えられたとする．また労働，資本それぞれの価格を 2, 8 とする．いま，生産量が 1,800 のとき，最小費用はいくらか．

3．企業の費用構造

短期の総費用曲線

　資源や財の希少性は，われわれの欲しいもののすべては手に入らないことを意味している．そのため，われわれは，与えられた可能性のなかから何かを選択する必要に迫られる．そして，ある財を選択すれば，他の何かを犠牲にすることになる．たとえば，ある人がパソコンを買うと，その分だけ旅行にまわすことが犠牲にされる．

　このように，財は何かをあきらめたり，何かを犠牲にするとき入手できる．つまり希少な財は，人々に何かを犠牲にさせるあるいは何かを代償として払わせるのである．これがその財のコストすなわち費用と考えることができる．たとえば，4 年間の大学教育の費用は，授業料や下宿代だけではない．最大の費用は，大学をやめて就職すれば得られたであろう 4 年間の給料である．

この例のように，ある選択をしたとき生ずる犠牲や費用のうち失われる最大のものを機会費用という．

次に，財・サービスの生産にあたっては，まず資本，土地，工場設備，製作機械などの固定的生産要素が必要である．それらを自己資金で賄うことができないときは他から資金を調達することになるが，それに対しては利子を払わなければならない．利子は生産を行う行わないにかかわらず支払わなければならない費用で，固定費用といわれる．固定費用はこのほか土地・建物・設備に対する賃貸料，減価償却費，固定資産税等がある．これに対して生産量の増加とともに増加する労働や原材料，動力・燃料等の可変的生産要素に対する費用は可変費用といわれる．全体の費用つまり総費用は固定費用と可変費用から成っている．すなわち

$$総費用（TC）= 固定費用（FC）+ 可変費用（VC）$$

ただし，機会費用が存在するならば，それは固定費用か可変費用のいずれかあるいは両方に含まれており，そのときは総費用は機会費用を含んだものになっていることに注意する必要がある．

可変的費用は生産量が増加するにつれて増加するが，その増加の仕方は生産量に比例するのではなく，一般に，投入量が少ないときはある程度まで生産効率がよいので可変的費用の増加は小さいが，ある量を超すと可変的費用

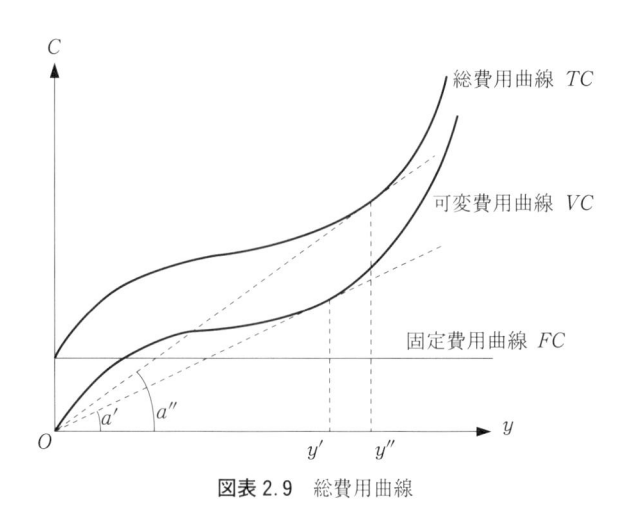

図表2.9　総費用曲線

の増加は大きくなっていく．生産量と可変費用の関係を表したものは可変費用曲線といわれ，図表 2.9 のように描かれる．総費用は固定費用と可変費用を加えたものであるから，短期の総費用曲線は可変費用曲線が固定費用の分だけ上方にシフトしたものとなっている．

例題 2.7 ある企業の総費用関数（TC）が生産量 y に対して
$$TC = y^3 - 4y^2 + 10y + 50$$
で与えられたとき，固定費用（FC）と可変費用（VC）を求めなさい．

（解説） 固定費用（FC）は，生産量 y が $y=0$ のときの TC であるから $FC=50$ である．可変費用 $VC = TC - FC$ であるから $VC = y^3 - 4y^2 + 10y$ である．

問題 2.7 ある企業の総費用関数（TC）が生産量 y に対して
$$TC = \frac{2}{3}y^3 - \frac{5}{2}y^2 + 13y + 100$$
で与えられたとき，固定費用（FC）と可変費用（VC）を求めなさい．

平均費用，限界費用

平均費用 AC は，生産量 1 単位当りの総費用であり，生産量を y，総費用を C とすると，$\frac{C}{y}$ で表される．平均費用は，図表 2.9 のように y'' においては，総費用曲線上の点と原点を結んだ直線の傾き a'' になっている．短期の平均費用はある生産量（図表 2.9 においては y''）までは減少しそれ以後は逆に増加すると考えられる．

限界費用 MC は生産量が 1 単位増加したときの総費用の増加分である．固定費用は生産量が増加しても一定で増加分は 0 であるので，限界費用は可変費用の増加分であるといいかえてもよい．総費用 C が生産量 y の関数として
$$C = C(y)$$
と表されるとすると，生産量 y_1 における限界費用は生産量の増加量を Δy に対して
$$\lim_{\Delta y \to 0} \frac{C(y_1 + \Delta y) - C(y_1)}{\Delta y} = \left. \frac{dC(y)}{dy} \right|_{y=y_1}$$

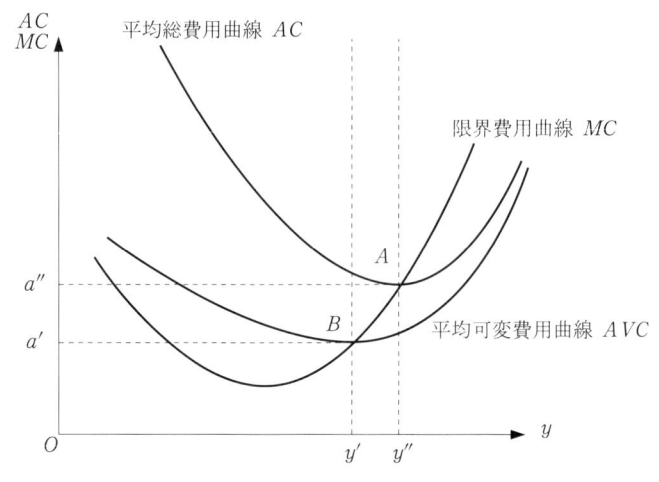

図表 2.10 平均総費用曲線と限界費用曲線

と定義される．図表 2.9 においてこれは y' における総費用曲線の接線の傾きに等しい．また図表 2.10 では生産量 y' における平均費用の値 a' と生産量 y'' における限界費用の値 a'' が示されている．

一般に，図表 2.10 のように短期の限界費用はある生産量までは減少しそれ以後は逆に増加すると考えられる．それは，短期の総費用曲線において述べたように，ある投入量までは効率的生産が行われるため限界生産物が増加し，それ以後は生産の効率が落ちていくために限界生産物が減少することに対応している．

例題 2.8 ある企業の総費用関数（TC）が生産量 y に対して

$$TC = y^3 - 4y^2 + 10y + 50$$

で与えられたとする．$y = 10$ のときの平均費用（AC）と限界費用（MC）を求めなさい．

（解説） 平均費用（AC）は，生産量 1 単位当りの費用であるから，

$$AC = \frac{TC}{y} = y^2 - 4y + 10 + \frac{50}{y}$$

となる．よって，$y = 10$ のときの平均費用（AC）は，75 である．

限界費用（MC）は，総費用関数（TC）の接線の傾きに等しいから

$$MC = \frac{dTC}{dy} = 3y^2 - 8y + 10$$

となる．$y=10$ のときの限界費用（AC）は，230 である．

問題 2.8 ある企業の総費用関数（TC）が生産量 y に対して

$$TC = \frac{2}{3}y^3 - \frac{5}{2}y^2 + 13y + 100$$

で与えられたとする．$y=6$ のときの平均費用（AC）と限界費用（MC）を求めなさい．

4．利潤の最大化と供給曲線

利潤の最大化

以下では総費用曲線が逆S字形になっている場合の利潤の最大化について考えよう．いま価格を p，生産量を y とすると，総収入 R は生産量の関数として

$$R = R(y) = py$$

と書かれる．このとき生産量1単位の増加に対する総収入の増加分は限界収入といわれ，限界費用に対応する概念として用いられる．限界収入は任意の生産量に対して

$$\frac{dR(y)}{dy} = p$$

となり，価格と一致する．一方利潤 Π は費用関数を $C(y)$ とすると

$$\Pi = py - C(y)$$

と表すことができる．したがって利潤最大となる生産量は

$$\frac{d\Pi}{dy} = p - \frac{dC(y)}{dy} = 0$$

をみたす生産量である．すなわち価格（＝限界収入）と限界費用が一致する生産量において利潤が最大になる．

例題 2.9 生産量 y に対して，（総）費用関数 TC が

$$TC = y^2 + 15y + 50$$

で与えられたとする．価格が 35 のとき，最大利潤はいくらか．

(解説) 利潤＝収入－総費用である．収入 R ＝価格×生産量であるから，利潤 Π は

$$\Pi = 35y - (y^2 + 15y + 50) = -y^2 + 20y - 50 \tag{1}$$

となる．利潤を最大にする生産量は

$$\frac{d\Pi}{dy} = -2y + 20 = 0$$

をみたす y である．よって，$y = 10$ が得られる．これを (1) に代入することによって $\Pi = 50$ となる．

問題 2.9 生産量 y に対して，(総) 費用関数 TC が

$$TC = \frac{1}{2}y^2 + 10y + 100$$

で与えられたとする．価格が 40 のとき，最大利潤はいくらか．

供給曲線

以上のことから，生産者の行動を表す供給曲線を導き出すことができる．いま，限界費用曲線と平均総費用曲線の交点（平均費用曲線の底）における価格を p'，限界費用曲線と平均可変費用曲線の交点（平均可変費用曲線の底）を p'' とする．そこで価格が p' より低いとしよう．そのとき図表 2.11 からわかるようにどのような生産量に対しても，1 単位当りの総費用が 1 単位当りの価格を上回っているので，その分の損失がでる．したがって p' が損益の分かれ目の価格で，損益分岐価格といわれ，A は損益分岐点といわれる．さらに価格が p'' より低いならば，1 単位当りの可変費用が 1 単位当りの価格より大きいので，その分可変費用も賄えず，生産者は操業を停止することになる．p'' を操業停止価格という．価格が p'' を上回れば，その分を固定費用の支払いにあてることができるので操業した方がよい．

上で述べたように，価格と限界費用が一致する点において利潤が最大になるが，それはすべて限界費用曲線上にある．このことと，生産は価格が p' より高いとき行われることを同時に考えるならば，価格と生産量との関係を

第2章 生産者の行動

図表 2.11 供給曲線

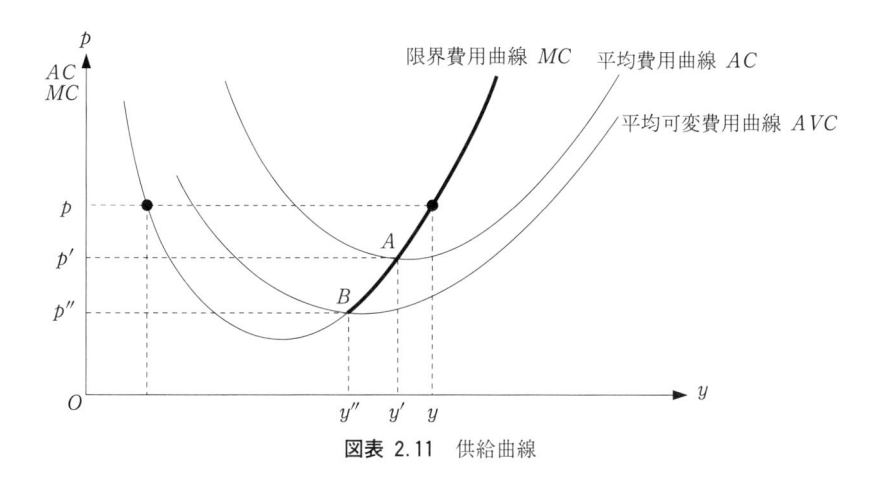

表す供給曲線は，操業停止点 B（図表 2.11）から右上の限界費用曲線の一部であるということができる．

例題 2.10 ある企業の（総）費用関数 TC が生産量 y に対して，
$$TC = y^3 - 4y^2 + 10y + 9$$
で与えられたとする．この企業の損益分岐点における生産量と価格を求めなさい．

（解説） 損益分岐点においては限界費用 $MC =$ 平均費用 AC となっていることに注目しよう．
$$MC = 3y^2 - 8y + 10$$
$$AC = y^2 - 4y + 10 + \frac{9}{y}$$
であるから，
$$3y^2 - 8y + 10 = y^2 - 4y + 10 + \frac{9}{y}$$
となる．上式は
$$2y^3 - 4y^2 - 9 = 0 \text{ すなわち}$$
$$p = 3 \cdot 3^2 - 8 \cdot 3 + 10 = 13$$

となる．

問題 2.10 ある企業の（総）費用関数 TC が生産量 y に対して，
$$TC = y^3 - 10y^2 + 32y + 72$$
で与えられたとする．この企業の損益分岐点における生産量と価格を求めなさい．

5．長期の総費用曲線

　次に長期の総費用曲線について考えてみよう．長期とは企業が固定的生産要素も自由な変更も視野に入れた生産を計画する期間である．一般的には，企業は労働の投入を増やすことによってある程度まで生産量を増加させることができるが，工場設備等の固定的生産要素の使用限界によって，ある点を過ぎると生産効率は悪くなり，生産量も増えなくなってしまう．さらに生産量を増やそうとすると，固定的生産要素である土地や工場設備を広げたり，工作機械も増設あるいは新規導入しなければならない．このように生産量に合わせて自由に固定的生産要素も選択できるすなわち固定的生産要素も可変的生産要素とみなせる期間を長期という．

　このように長い期間にわたる総費用曲線は短期の総費用曲線をもとに導くことができる．いま生産要素が2つあり，1つは可変的生産要素でもう1つは短期には固定的であるが長期には可変的であるとしよう．このとき1つの期間を固定しそれを短期と考えると，ある固定的生産要素のもとでの総費用曲線が得られる．図表 2.12(a)の短期総費用曲線 C_1 は固定費用 $\overline{C_1}$ のもとでの生産量の変化に対する総費用の変化を表している．工場設備等の規模が小さいならば，固定費用は小さく，少量の生産には費用が少ないが，大量の生産は不可能かあるいは可能であっても生産効率が悪くなり，かえって多額の費用がかかる．逆に大規模設備を有していれば，固定費用は大きいが大量の生産には規模の効率性が働き，費用も少なくてすむ．図表 2.12(a)において固定費用が大きい総費用曲線の緩やかなカーブの範囲が大きいのは，生産規模が大きくなると効率的生産の範囲が広くなり，その結果費用が少なくてすむ生産の範囲が広くなるからである．

第 2 章 生産者の行動　　　　　　　　　59

次に，固定的生産要素の等入量（大きさ）を小さい順に STC_1, STC_2, STC_3 とし，固定費用をそれぞれ $\overline{C}_1$, $\overline{C}_2$, $\overline{C}_3$ としよう．そしてそれぞれの短期費用曲線が図表 2.12(a) のようになったとしよう．そこで y_2 の生産について考えてみれば，y_2 の生産は固定的生産要素の投入量 STC_1, STC_2, STC_3 のどれでも可能であるが，総費用が最も小さいのは STC_2 である．し

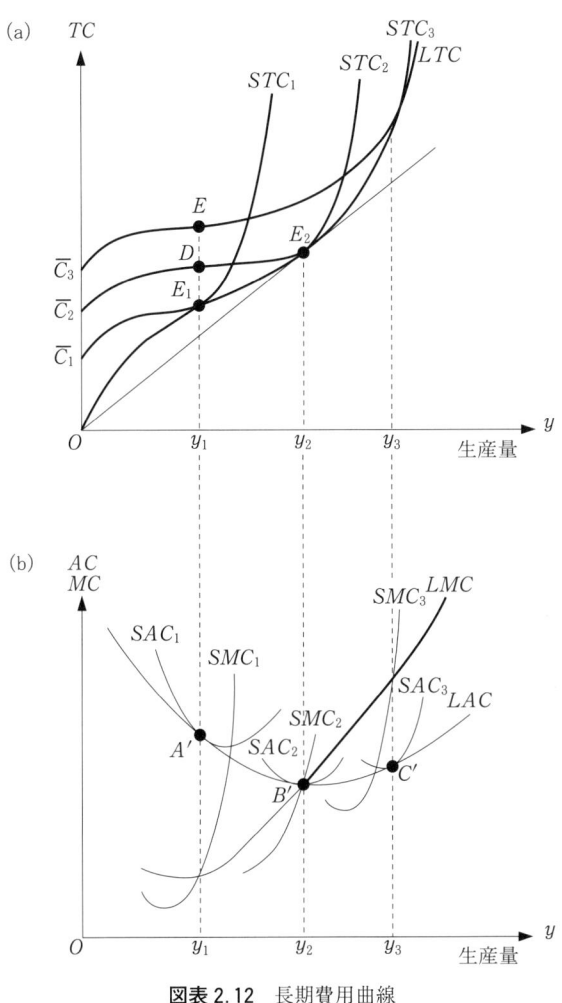

図表 2.12　長期費用曲線

たがって企業は STC_2 の投入量を選び，その結果総費用は E_2y_2 になるであろう．このように図表 2.12(b) のように生産量に応じて最も少ない費用を与える短期費用曲線上の点 E_1, E_2 を結べば長期の総費用曲線 LTC が得られる．

長期平均費用曲線 LAC は，LTC から得られる（図表 2.12(a)）．LTC 曲線上の点と原点を結ぶ線分の傾きが LAC で，総費用曲線 LTC 曲線上の点と原点を結ぶ線と接する点を E_2 とすると，LAC 曲線は E_2 で最低になる．前述のように，短期の平均費用曲線 SAC は短期の総費用曲線 STC から導かれる．LAC 曲線は各々の生産量で最小の費用をとる STC 曲線から導かれた SAC 曲線と接している．長期平均費用曲線 LAC の最小値に対応する y_2 は生産の最適規模といわれ，長期均衡点である．

例題 2.11 ある産業において費用条件はどの企業でも同一であり，各企業の費用関数が生産量 y に対して，

$$LTC = 0.5y^3 - 3y^2 + 30y + 50$$

で与えられたとする．この産業の長期均衡価格を求めなさい．

(国税専門官試験問題)

（解説） 産業の長期均衡点は長期平均費用曲線 LAC の最低点になるので，まず LAC を求めると

$$LAC = \frac{LTC}{y} = 0.5y^2 - 3y + 30 + \frac{50}{y}$$

となる．よって LAC が生産量 y に関して最小値をとるためには，

$$\frac{dLAC}{dy} = y - 3 - \frac{50}{y^2} = 0$$

とならなければならない．上式を書きかえると，

$$y^3 - 3y^2 - 50 = (y-5)(y^2 + 2y + 10) = 0$$

となり，$y=5$ となる．よって

$$p = 0.5 \cdot 5^2 - 3 \cdot 5 + 30 + \frac{50}{5} = 37.5$$

である．

問題 2.11 ある産業において費用条件はどの企業でも同一であり，各企業

の費用関数が生産量 y に対して，
$$LTC = y^3 - 4y^2 + 10y + 18$$
で与えられたとする．この産業の長期均衡価格を求めなさい．

生産者余剰

ここでは生産者余剰についてのべる．生産者余剰は供給曲線を用いて定義される．上でみたように供給曲線は限界費用曲線であるから，その高さは生産量が1単位増加したときの費用の増加分を表している．

図表2.13では理解を容易にするために供給曲線が縦軸に交わるように描かれている．いま生産物の最初の1単位の生産量に対して p_1 の費用がかかり，次の2単位目の生産量に対しては p_2 というようにして，y_s 単位目の生産量に対して p_s であるとしよう．$y_1=1$, $y_2=2$, ……, $y_s=1$ とすれば，生産者は最初の1単位に対して $Oy_1s_1p_1$ の費用がかかることになる．また次の1単位に対して $y_1y_2s_2s_1'$ の費用だけ，したがって2単位までは $Oy_1s_1p_1 + y_1y_2s_2s_1'$ の費用の費用がかかる．このようにして y_s の生産に対して Oy_ssp_s を少しはみだした棒グラフ全部の面積分の費用がかかることになる．目盛りとしての1単位の大きさをきわめて小さくとっていけば，棒グラフは小さなきざみになり，さら

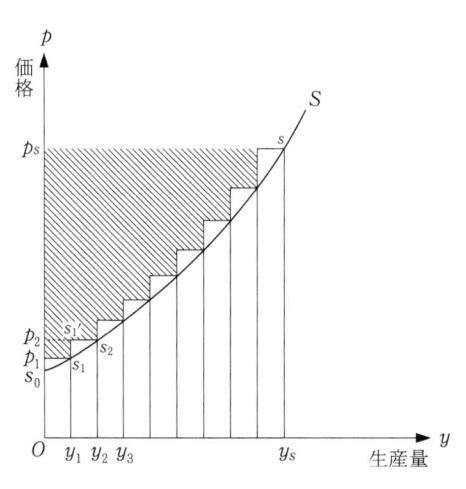

図表 2.13 生産者余剰

にもっと小さくとっていくと棒グラフ全部の面積はついには $Oy_s ss_0$ の面積になるであろう．これは y_s 単位の生産に要する費用を表している．一方価格 p_s が与えられれば，生産者が実際に受け取る金額は $p_s \times y_s$ である．これは $Oy_s sp_s$ の面積に等しい．したがって面積 $s_0 sp_s$ の分が企業の収益となり，生産者余剰といわれる．生産者余剰は固定費用がない場合は利潤と等しくなり，固定費用がある場合は利潤と固定費用の和に等しくなる．なぜなら，生産が1単位増加するごとに増加する費用すなわち限界費用はまさしく可変費用の増加分であり，よって限界費用の総和は可変費用の総和とみなすことができるから，収入から可変費用の総和を引いた額は利潤と固定費用の和になるからである．

例題 2.12 ある財の供給関数が，生産量 y と価格 p に対して，

$$p = \frac{3}{2}y + 10$$

で与えられているとする．このとき生産者余剰が12円以上であるためには価格はいくら以上でなければならないか．

(解説) 生産者余剰が12となる価格をとると，生産者余剰は図の斜線部分であるから，その面積 S を求める式は

$$S = \frac{1}{2}(p-10)y = \frac{1}{2}\left(\left(\frac{3}{2}y+10\right)-10\right)y = \frac{3}{4}y^2$$

となる．$S=12$ であるから，$y=4$ が得られる．よって，$p=16$ となる．

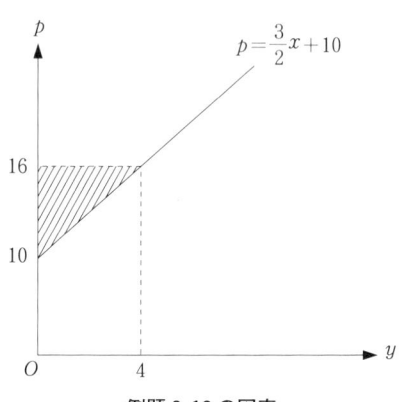

例題2.12の図表

問題 2.12 ある財の供給関数が，生産量 y と価格 p に対して，

$$p = \frac{1}{3}y + 12$$

で与えられているとする．このとき生産者余剰が 24 円以上であるためには価格はいくら以上でなければならないか．

章末問題

問題 1 投入量 X 財の量 x_1，Y 財の量 x_2 に対して，生産関数 F が
$$F(x_1, x_2) = x_1^2 + 2x_1 + 2x_2$$
とする．生産水準が $F = 16$ であるときの $x_1 = 3$ における x_2 の x_1 に対する技術的限界代替率を求めよ．

問題 2 生産量 y に対して，(総)費用関数 TC が

$$TC = \frac{1}{3}y^2 - 2y + 20$$

で与えられたとする．価格が 12 のとき，最大利潤はいくらか．

問題 3 ある産業において費用条件はどの企業でも同一であり，各企業の費用関数が生産量 y に対して，

$$LTC = \frac{1}{2}y^3 - 3y^2 + 3y + 16$$

で与えられたとする．この産業の長期均衡価格を求めなさい．

参考文献

伊藤元重『ミクロ経済学』日本評論社，1993 年．
江副憲昭・是枝正啓編『ミクロ経済学』勁草書房，2001 年．
江副憲昭・是枝正啓編『ミクロ経済学講義・演習』勁草書房，2005 年．
奥口孝二・酒井泰弘・市岡修・永谷裕昭『ミクロ経済学』有斐閣，1989 年．
西村和雄『ミクロ経済学入門』岩波書店，1995 年．
奥野正寛・鈴村興太郎『ミクロ経済学 I』岩波書店，1989 年．

第3章 競争市場均衡の評価

　これまで，完全競争市場における生産者行動と消費者行動を分析してきたが，そこで得られた主体的均衡条件（需要曲線と供給曲線）の同時達成をもたらす価格および数量は市場均衡を実現する．そのような競争市場均衡は，結果的に，生産要素および生産された財について，ある資源配分を形成する．この配分は，いうまでもなく，ある種の最適性を保有するとみてよい．主体的均衡条件が満足されているからである．本章では，この最適性（パレート最適性）の概念を検討する．もちろん，このような最適性は，完全競争条件のもとで有効であるから，現実には最適性がくずれることも考慮しなければならない．そして，実際，どの程度の効率減があるかを数量的に解明するための工夫（余剰分析）がもとめられる．さらに，競争均衡そのものが達成されうるものかどうかの点検ももとめられる．これらは，応用ミクロ経済学へしばしば適用される内容である．

1. 市場均衡

　市場メカニズムは，ときに価格メカニズムともいわれる．ある財の需要量と供給量は，価格体系があたえられたとき，供給者の利潤最大化行動と消費者の効用最大化行動の結果として決定される．この分析は，一般に，n 財についての一般均衡分析になる．通常は，これまでの分析と同様，他財の価格および生産量を所与として，特定財について分析する方法（部分均衡分析）がとられる．需給が一致する価格水準を均衡価格という．図表3.1の価格

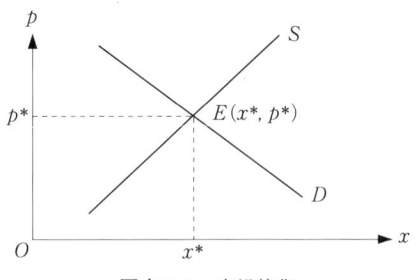

図表 3.1 市場均衡

(p^*) がそれである．また，そのときの生産量水準を均衡生産量という．いうまでもなく，完全競争市場の分析である．

完全競争市場の特徴についてまとめておこう．
① 経済主体（売手・買手）の数が十分に多い．
② 製品は同質である．
③ 製品価格等をめぐる市場情報は完全である．
④ 特殊な取引関係がない．
⑤ 市場への参入・退出は自由である．

ここでは，個別の経済主体（買手あるいは売手）の行動は戦略的にはおこなわれず，他の経済主体の行動を恣意的に左右できない．市場（とくに価格）はあらゆる個別の経済主体にとって動かすことのできない"自然"である．そして，市場情報は完全である．個別の経済主体の最大化行動において，自己の裁量によりコントロール可能なものは需要者の需要量あるいは生産者の生産量のみになる．

例題 3.1 2つの企業 1，2 の供給関数（供給曲線）S_1 および S_2 が，価格を p として，以下のように与えられている．このとき，市場がこの 2 企業だけで構成される場合の市場の供給関数（曲線）を求めよ．ここで，x_1 は企業 1 の供給量であり，x_2 は企業 2 の供給量である．

$S_1 : p = 60 + 2x_1$
$S_2 : p = 20 + x_2$

（解説） 企業 1 は，供給関数（曲線）S_1 によれば，
$p = 60 + 2x_1$

であるから，価格 p にたいする供給量 x_1 は，

$$x_1 = \frac{1}{2}p - 30$$

になる．一方，企業 2 については，供給関数（曲線）S_2 より，価格 p にたいする供給量 x_2 は，

$$x_2 = p - 20$$

である．したがって，もとめる供給曲線（関数）は，

$$x_1 + x_2 = \left(\frac{1}{2}p - 30\right) + (p - 20)$$

から，市場の供給量 (x) を $x = x_1 + x_2$ とすれば，

$$x = \frac{3}{2}p - 50$$

となる．あるいは，

$$p = \frac{2}{3}x + \frac{100}{3}$$

である．なお，ある価格 p が 20 以下では供給者はなく，60 以下の価格水準なら企業 1 のみが供給者になることに注意が必要である．

問題 3.1 2 人の消費者 1, 2 の需要関数（需要曲線）D_1 および D_2 が，価格を p として，以下のように与えられている．このとき，市場がこの 2 人だけで構成される場合の市場の需要関数（曲線）を求めよ．ここで，x_1 は消費者 1 の需要量であり，x_2 は消費者 2 の需要量である．

$$D_1 : p = 60 - x_1$$
$$D_2 : p = -4x_2 + 20$$

問題 3.2 2 つの企業 1, 2 の供給関数（供給曲線）S_1 および S_2 が，価格を p として，以下のように与えられている．このとき，市場の供給関数（曲線）を求めよ．ここで，x_1 は企業 1 の供給量であり，x_2 は企業 2 の供給量である．

$$S_1 : p = 60 + 3x_1$$
$$S_2 : p = 20 + x_2$$

2. 市場均衡の安定性

　何らかの理由によって，ある財の実際の価格水準が均衡価格と異なっているとしよう．図表3.2には，そのような価格水準（p^*）が示されている．この価格水準は均衡価格より高く，企業は需要者がもとめる以上の数量を生産しようとする．この需給ギャップを超過供給という．逆の場合は超過需要という．

　ここで，考慮すべきことは，時間と財の性質である．時間の経過を考慮しない場合，財の存在数量は固定されるから，変更可能なものは価格となる．時間的経過を考慮にいれる場合，生産数量が調整可能である．価格低落が発生すれば，次期の生産数量は低くおさえられる．

　以上のような生産数量調整および価格変動が，市場均衡への収束をもたらすかどうかを検討しておこう．

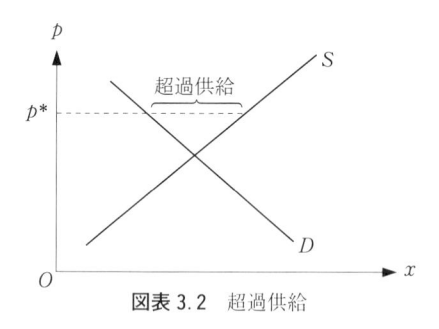

図表 3.2 超過供給

ワルラス安定条件

　実際の価格が，かりに均衡価格よりも高ければ価格低下が，均衡価格よりも低ければ価格上昇が起こるとき，市場均衡は安定になる．価格低下は超過供給に，価格上昇は超過需要に対応する（ワルラス的調整過程）．

　ワルラス安定条件：均衡価格より高い価格水準では（超過供給が発生して）
　　　　　　　　　価格下落が起こり，均衡価格よりも低い価格水準では，
　　　　　　　　　（超過需要が発生して）価格上昇が起こる．

図表 3.3　　　　　　図表 3.4　　　　　　図表 3.5

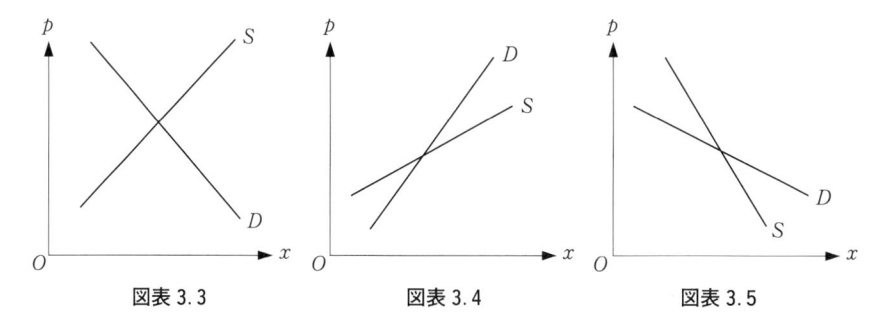

このとき市場均衡はワルラス安定であるという．図表 3.3〜図表 3.5 のような需要・供給曲線のもとで均衡の安定性が実現される．

線形の需要・供給関数であれば，ワルラス安定条件は，もっと具体的に，

$1/S$ 曲線の傾き $>$ $1/D$ 曲線の傾き

となる．価格変化にたいして供給量が瞬時に変更可能な財を想定しているが，市場に出た財の数量が完全に固定的なケースを取り扱うこともできる．その場合，垂直な供給曲線を想定すればよい．

マーシャル安定条件

実際の供給量が，需給均衡水準にないとき，財の供給量調整に時間経過を要するなら，今期の市場価格は，市場にでている財が完売される方向に向かう．均衡生産量より多い供給があるケースでは，供給者は予想外の低下価格による利潤減をこうむり，次期の生産量の減少をかんがえる．供給予定価格（S 曲線が示す価格水準）より需要価格（D 曲線が示す価格水準）が低いとき，生産量を減少させる（逆は逆）調整方法をマーシャル的調整という．

マーシャル安定条件：均衡生産量より高い生産水準では（超過供給価格が発生して）生産減が起こり，均衡生産量より低い生産水準では（超過需要価格が発生して）生産増が起こる．

このとき市場均衡はマーシャル安定であるという．図表 3.6〜図表 3.8 は，均衡の安定性が実現されるケースである．

線形の需要・供給関数であれば，マーシャル安定条件は，もっと具体的に，

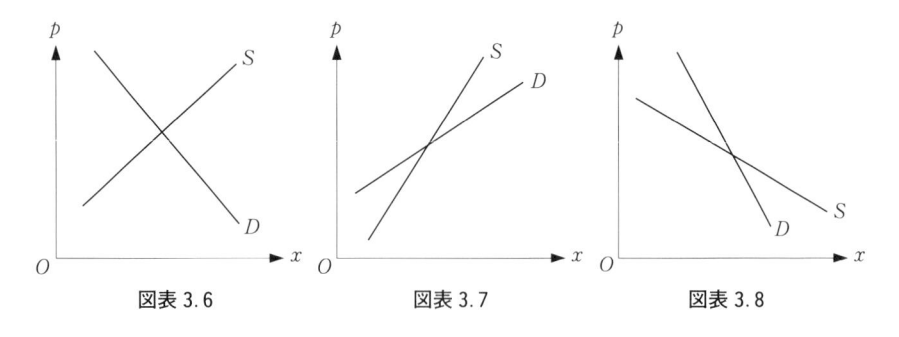

図表 3.6　　　　　　図表 3.7　　　　　　図表 3.8

S 曲線の傾き $>$ D 曲線の傾き

となる．供給量の変更に時間の経過を要して，今期の供給量は前期の生産量によって確定・固定されている．もちろん，供給量の変化スピードが価格変化のスピードに比して遅いケースもふくまれる．なお，マーシャル的調整における，生産数量の変更・調整の程度は確定しない．

蜘蛛の巣循環

マーシャル的調整と同様に，供給量の変更に時間の経過を要するものとし，次期の供給量は前期の市場価格のもとでの利潤極大生産量に等しくなるものとする．この仮定は，マーシャル的調整の特殊ケースである．さらに，供給された財の価格はその供給量がすべて需要される水準に決定されるものとする．企業は，その価格のもとで利潤極大をもたらす生産量を次期の供給量とする．

このような供給量および価格水準の決定は，循環的な変動（蜘蛛の巣循環）をもたらす．この様子を図示したのが，図表 3.9〜図表 3.11 である．すべて市場均衡が安定になるケースである．

蜘蛛の巣安定条件：循環的な変動によって，均衡価格および均衡生産量とのギャップが，今期よりも来期において小さくなる．

このとき市場均衡は蜘蛛の巣安定であるという．

線形の需要・供給関数の場合，蜘蛛の巣循環の安定条件は，具体的に，

$|D$ 曲線の傾き$|<|S$ 曲線の傾き$|$

となる．この循環において安定性が確保されるためには，供給量について均

第3章　競争市場均衡の評価

図表 3.9　　　　　図表 3.10　　　　　図表 3.11

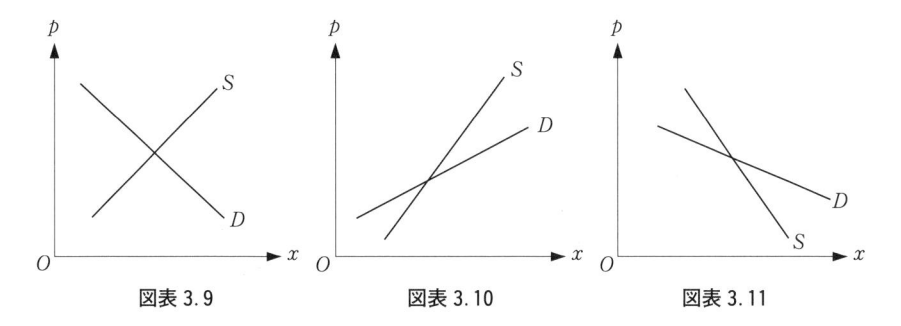

衡生産量への収束がもとめられている．そのためには，まず，均衡生産量よりも大きな供給量では供給価格の超過が発生して価格下落が起こらなければならない（逆は逆）．また，下落した価格水準のもとでの供給量と均衡生産量とのギャップが，以前のギャップより小さくなっていなければならない．

例題 3.2　ある財の市場における需要関数（D）および供給関数（S）が以下で与えられるとき，蜘蛛の巣循環によって市場均衡が安定であるかどうかを，説明すること．ただし，図解による説明を中心とすること．ここで，p は価格であり，x は需要量または供給量である．

$$p = 20 - 3x \quad (D)$$
$$p = 2x + 5 \quad (S)$$

（解説）　線形の需要・供給関数であるから，蜘蛛の巣循環による市場均衡の安定性は，以下の安定条件：

$$|D \text{ 曲線の傾き}| < |S \text{ 曲線の傾き}|$$

を満たすかどうかによって決まる．この問題では，

$$|-3| > |2|$$

であり，市場均衡は安定でない．この場合，図解によって分かるように，初期価格 p_0 から価格は振動的に発散していくこととなり，したがって均衡点に収束せず，市場均衡は不安定になる．

まず，初期価格 p_0 にたいして企業（供給側）が選択した供給量 x_0 にたいする市場（需要側）の評価（価格）は p_1 である．つづいて，この価格 p_1 にたいして企業（供給側）が選択した供給量 x_1 にたいする市場（需要側）の評価（価格）は p_2 である．さらに，この価格 p_2 にたいして企業（供給側）

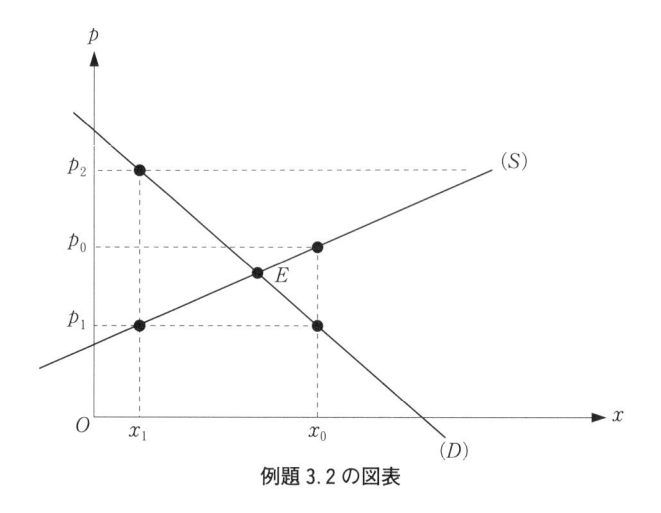

が選択した供給量 x_2 にたいする市場（需要側）の評価（価格）は p_3 である．以下同様に考えられる．このとき，価格については，n を自然数として，

$$|p_0|<|p_2|<\cdots\cdots<|p_{2n}|\cdots\cdots$$

が成立する．一方，生産量についても，

$$|x_0|<|x_2|<\cdots\cdots<|x_{2n}|\cdots\cdots$$

が成立する．したがって，市場均衡から次第に発散していくことが確認される．

なお，この図では，初期価格 p_0 を均衡価格より高いものとしているが，均衡価格より低い初期価格からスタートしても同様になる．

例題 3.3 市場の需要関数 (D) および供給関数 (S) が以下であるとき，この市場均衡がワルラス安定か，マーシャル安定かどうかについて主として図解によって説明すること．ただし，p は価格，x は数量である．

$p=-x+30$ $\hspace{4em}(D)$

$p=-3x+60$ $\hspace{4em}(S)$

（解説） 線形の需要・供給関数であるから，ワルラス調整による市場均衡の安定性は，以下の安定条件：

D 曲線の傾きの逆数 $<$ S 曲線の傾きの逆数

を満たすかどうかによって決まる．この問題では，

$$-1 < -\frac{1}{3}$$

であり，市場均衡は安定である．この場合，図表 a によって分かるように，初期価格 p_0 から価格は均衡価格に向かって単調に収束していくこととなり，市場均衡はワルラスの意味で安定になる．

　たとえば初期価格を図中の p_0 とすると，この価格水準において企業（供給側）が選択した供給量 x_0^S は，同価格水準における需要量 x_0^D を超過して，超過供給が発生する．そのため，ワルラス調整によって価格下落が起こる．つづいて，この下落した価格を p_1 とすると，この価格水準において企業（供給側）が選択した供給量は x_1^S は，同価格水準における需要量 x_1^D を超過して，依然として超過供給である．このため価格下落が起こる．この価格下落過程は均衡価格水準にいたるまで続く．逆に，初期価格が均衡価格より低い場合には，超過需要による価格上昇が発生して，やはり均衡価格に収束する．したがって，この問題の需要・供給関数の場合には，市場均衡はワルラス安定である．

　マーシャル調整による市場均衡の安定性についても，線形の需要・供給関数の場合であるから，安定性条件：

　　　　D 曲線の傾き ＜ S 曲線の傾き

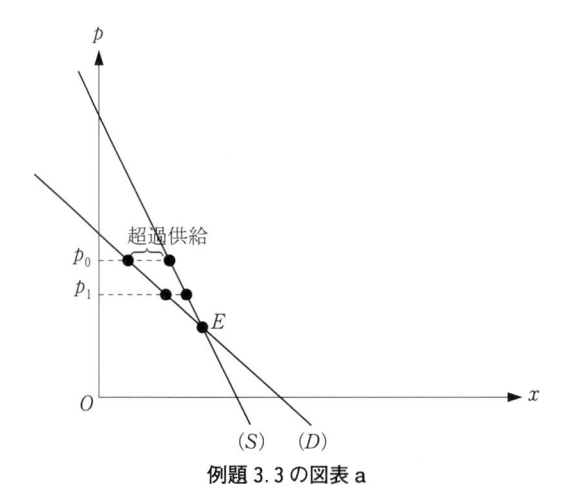

例題 3.3 の図表 a

74

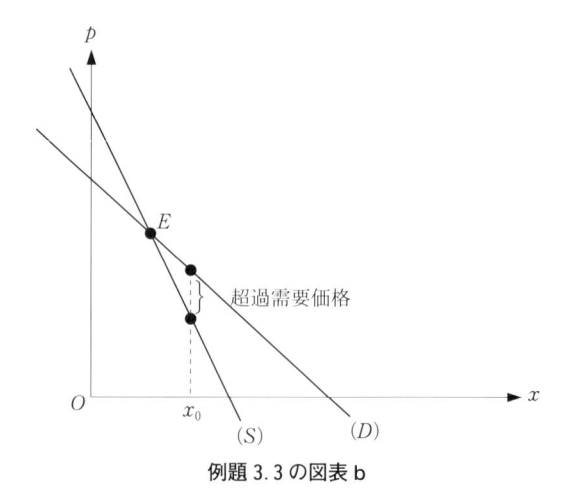

例題 3.3 の図表 b

を満たすかどうかによって決まる．この問題では，

$$-1 > -3$$

であり，市場均衡は不安定である．

　たとえば初期生産量を均衡生産量より大とすると，この生産量水準 x_0 において企業（供給側）が目論んでいた供給価格より，同生産量水準における需要価格のほうが上回り，超過需要価格が発生する．そのため，マーシャル調整（数量調整）によって生産量拡大が起こる．ところが，生産量を拡大すれば，なおいっそう超過需要価格は拡大するため生産量の拡大が続くこととなる．かくして均衡点から遠ざかっていく．

問題 3.3 ある財の市場における需要関数 (D) および供給関数 (S) が以下で与えられるとき，蜘蛛の巣循環によって市場均衡が安定であるかどうかを，説明すること．ただし，図解による説明を中心とすること．ここで，p は価格であり，x は需要量または供給量である．

$$p = 20 - x \tag{D}$$
$$p = 2x + 5 \tag{S}$$

例題 3.4 市場の需要関数 (D) および供給関数 (S) が以下で与えられるとき，この市場均衡がワルラス安定か，マーシャル安定かどうかについて主として図解によって説明すること．ただし，p は価格，x は数量である．

第3章　競争市場均衡の評価

$$p = -3x + 60 \quad (D)$$
$$p = -x + 30 \quad (S)$$

(解説)　線形の需要・供給関数であるから，ワルラス調整による市場均衡の安定性は，安定条件：

　　D 曲線の傾きの逆数 ＜ S 曲線の傾きの逆数

を満たすかどうかによって決まる．この問題では，

$$-\frac{1}{3} > -1$$

であり，市場均衡は不安定である．この場合，図表 a によって分かるように，初期価格 p_0 から価格は均衡価格から単調に発散していくこととなり，市場均衡はワルラスの意味で不安定になる．

マーシャル調整による市場均衡の安定性についても，線形の需要・供給関数の場合であるから，安定性条件：

　　D 曲線の傾き ＜ S 曲線の傾き

を満たすかどうかによって決まる．この問題では，

　　$-3 < -1$

であり，市場均衡は安定である．この場合，図表 b によって分かるように，初期生産量 x_0 から生産量は均衡生産量に収束していくこととなり，市場均

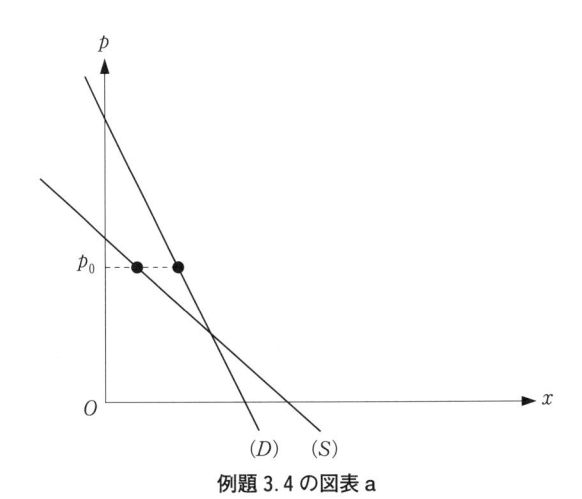

例題 3.4 の図表 a

例題 3.4 の図表 b

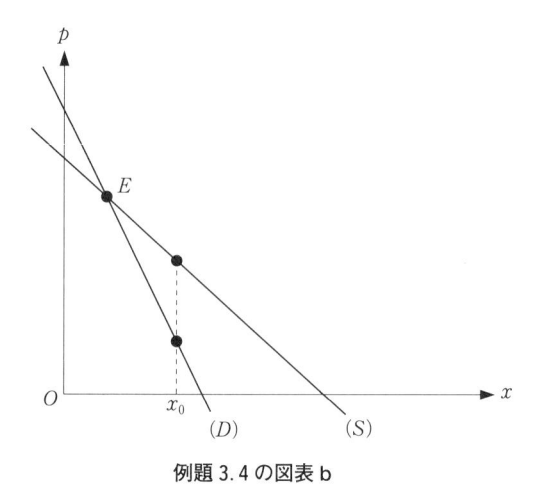

衡は安定になる.

3．パレート最適

パレート最適の概念

1 変数の最大化問題とはちがって，複数構成員からなる経済社会において，最適な資源配分が満たすべき条件を求めるのは難しい．特定個人の価値判断によって資源配分最適基準を決定できない．どの個人の価値判断も，原則としては，同等である．このような困難性のもとでは，積極的な最適性基準を期待することができない．パレート最適基準はそのような性格をもっている．

パレート最適の基本的概念：改善不可能性

パレート最適における改善：誰の損失も伴わない変更

そのような考え方から，パレート最適の定義があたえられる．

パレート最適：いかなる変更をおこなっても，つねに誰かが損失をこうむることがわかっているため，改善できない状況（資源配分）．

パレート最適でないケースは，ある変更によって誰も損失をこうむらないということになるが，それだけでは不十分で，実際には，ある変更によって

誰も損失をこうむらないだけでなく，誰かは得する場合である．この状況はパレート改善可能であるという．

以下では2消費財 (x, y) と，それを消費する2消費者 (A, B)，これら消費財を2生産要素 (k, l) をつかって生産する1生産者のケースにおけるパレート最適な資源配分を考察する．ここでは，企業利潤水準についての配慮はなく，消費者の効用最大化のみが目的とされている点に注意が必要である．

生産のパレート最適：与えられた生産要素のある配分の仕方が生産のパレート最適であるとは，ある財の生産量を増大させようとして生産要素配分を変更すると，かならず，他方の財の生産量を減少させてしまう状況．

図表3.12の $x(k, l)$, $y(k, l)$ は，各々，X, Y 財の等産出量曲線，右上がりの曲線はパレート最適な生産要素配分の点を示す（右図は，そのような生産要素配分に対応する2財の生産水準（生産可能性曲線）である）．E 点は，たがいの等産出量曲線の接点になっているから，両方の生産量を同時に増大させることができない．

生産のパレート最適であるためには，生産要素について，
(1) 需給一致
(2) 各生産要素について限界代替率が等しい
ことが必要十分である．

消費のパレート最適：与えられた消費財 (x, y) のある配分の仕方が消費のパレート最適であるとは，ある消費者の効用水準

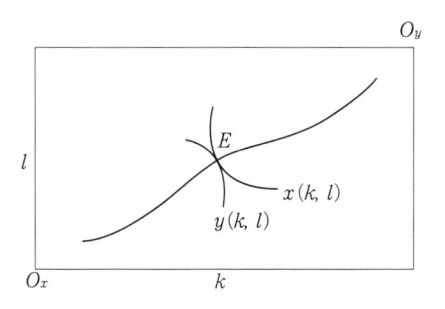

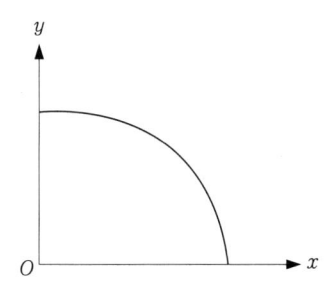

図表 3.12 生産のパレート最適

を増大させようとして他の配分に変更すると，かならず，他方の消費者の効用水準を減少させてしまう状況．

図表 3.13 の U_A, U_B は，各々，消費 A, B の無差別曲線である．右上がりの曲線はパレート最適な消費配分をもたらす点の集合（契約曲線）である．E 点は，たがいの無差別曲線の接点になっているから，両方の消費者の効用を同時に増大させることができない．

消費のパレート最適であるためには，消費財について，
(1) 需給一致
(2) 各消費者について限界代替率が等しい
ことが必要十分である．

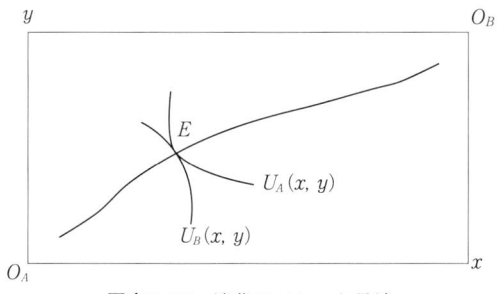

図表 3.13 消費のパレート最適

例題 3.5 パレート最適資源配分を，ボックスダイアグラムを利用した図解により，250 字以上（図は字数に含めない）で説明すること．

(解説) 各人が，生産活動の結果として与えられた資源配分（所得配分）を初期保有（初期賦存量という）として，場合により，一方の手持ち財を販売して他方の財を購入するかたちで（市場価格にしたがって）交換することで，効用水準を可能な限り高めようとする結果として到達する均衡状態のこと．

以下の図は，個人 A の原点を O_A, 個人 B の原点を O_B として，横軸の長さが X 財の初期存在量，縦軸の長さが Y 財の存在量であるものとしたときのパレート最適配分が E_0 で達成されていることを表している．この点で個人 A および個人 B の等効用曲線は接することに注意すべきである．個人 A

第3章 競争市場均衡の評価　　　　　79

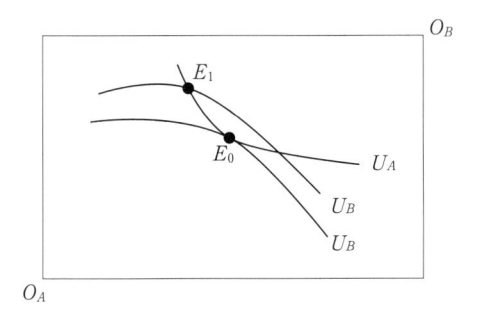

例題 3.5 の図表

の等効用曲線と個人 B の等効用曲線が交わっている配分点（たとえば E_1）の場合には，両者ともに，効用水準を高めることが可能であるために，パレート改善可能であり，したがって，パレート最適ではない．また，個人 A の等効用曲線と個人 B の等効用曲線が交わらないような配分は，実行不可能であるから，パレート最適点の対象とならない．

例題 3.6 個人 A の効用関数 U_A および個人 B の効用関数 U_B と，財 X, Y の存在量が以下に与えられている．ここで，x_A, x_B は，各々，個人 A および個人 B の財 X の保有量であり，y_A, y_B は，各々，個人 A および個人 B の財 Y の保有量である．

$$U_A = x_A y_A \quad \text{（効用関数）}$$
$$U_B = 2x_B + y_B \quad \text{（効用関数）}$$
$$x_A + x_B = 50 \quad \text{（財存在量）}$$
$$y_A + y_B = 90 \quad \text{（財存在量）}$$

このとき，個人 B の効用水準が 80 となるような，パレート最適配分はどのようになるか．

（解説） パレート最適点は，消費者 A, B の間で効用水準の相互最大化が達成される点であるが，この問題の場合，個人 B の効用水準が 80 に固定されているから，

$$2x_B + y_B = 80$$

という制約条件のもとで個人 A の効用水準を最大化することによりパレート最適点をもとめることができる．

さて，
$$x_A = 50 - x_B$$
$$y_A = 90 - y_B$$
を代入することにより，個人 A の効用関数は，
$$U_A = (50 - x_B)(90 - y_B)$$
となるから，これを以下の制約条件のもとで最大化すればよい．
$$2x_B + y_B = 80$$
したがって，制約条件を代入して，
$$U_A = \left(50 - \frac{80 - y_B}{2}\right)(90 - y_B)$$
の極値条件を求めることから，
$$\frac{\partial U_A}{\partial y_B} = 35 - y_B = 0$$
が得られることから，$y_B = 35$．

この値を制約条件式に代入すると，パレート最適な配分が以下になることが分かる．
$$x_A = 27.5,\ x_B = 22.5,\ y_A = 55,\ y_B = 35$$

(注) パレート最適点では消費者 A，B の等効用曲線が接しているという事実を利用する方法がある．要点は以下である．

消費者 A の等効用曲線の接線の傾きは，
$$\frac{\dfrac{\partial U_A}{\partial x_A}}{\dfrac{\partial U_A}{\partial y_A}} = \frac{y_A}{x_A}$$
であり，消費者 B の等効用曲線の（接線の）傾きは，
$$\frac{\dfrac{\partial U_B}{\partial x_B}}{\dfrac{\partial U_B}{\partial y_B}} = \frac{2}{1}$$
であるから，パレート最適点では，
$$\frac{y_A}{x_A} = 2$$

が成立している．

問題 3.4 個人 A の効用関数 U_A および個人 B の効用関数 U_B と，財 X，Y の存在量が以下に与えられている．ここで，x_A，x_B は，各々，個人 A および個人 B の財 X の保有量であり，y_A，y_B は，各々，個人 A および個人 B の財 Y の保有量である．

$U_A = x_A y_A$ （効用関数）
$U_B = x_B + 2y_B$ （効用関数）
$x_A + x_B = 160$ （財存在量）
$y_A + y_B = 90$ （財存在量）

このとき，個人 B の効用水準が 80 となるような，パレート最適配分はどのようになるか．

生産と消費のパレート最適：生産と消費のパレート最適とは，ある消費者の効用最適水準を増大させようとして他の（生産要素ないしは消費財の）配分に変更すると，かならず，もう一方の消費者の効用減をもたらす状況（図表 3.14 参照）．

生産可能性曲線上の接線の傾き（A での限界変形率）のほうが大きければ，その方向への移動によって，消費配分点（E）での効用水準を保持しつつ，それ以上の残余を発生させる．結局，事態（消費者効用水準）の改善をもたらしうる．すなわち，パレート改善可能となる．

生産と消費のパレート最適であるためには，生産要素と消費財の需給一致

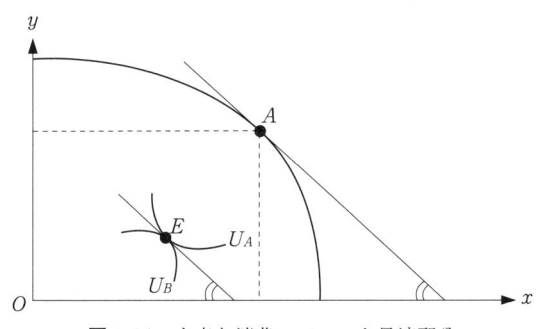

図 3.14　生産と消費のパレート最適配分

にくわえて，
(1) 消費財のパレート最適配分が達成されている（各消費者の限界代替率が等しい）
(2) 生産要素のパレート最適配分が達成されている（各生産要素の限界代替率が等しい）
(3) 限界変形率（生産可能性曲線）と限界代替率（消費）が等しい

ことが必要十分である．限界代替率ないしは限界変形率という概念は，パレート最適が達成されることをみるさいに不可欠なものではない．

パレート最適の落とし穴

パレート最適は，あたえられた資源配分の"変更"が誰の批判もうけずに可能であるかどうかの判定基準である．当初の資源配分公平性は問題にされない．その配分を変更することによって誰かが損失をこうむるならば，パレート最適の定義によって，やはりパレート最適になる．この点，弱点はあるが，そもそもパレート最適でないものは最善策の候補にならない．

また，いわゆる普遍性の問題もある．次節では，完全競争市場均衡が最適な資源配分を達成することをみるが，そこでは，消費者の効用水準に影響をあたえる変数がすべて市場で評価され，市場価格を形成するという条件（普遍性条件）を欠くことができない．これが仮定されない場合，いわゆる外部性の影響による錯乱を排除できない．パレート最適の定義そのものには無関係とはいえ，考慮の射程に入れておきたい．

パレート最適資源配分と凸性経済

パレート最適資源配分をかんがえるとき，いわゆる凸性経済を暗黙のうちに想定している．消費者の無差別曲線および生産者の等産出量曲線のどちらについても，いわゆる限界代替率逓減（凸性）が発生していないと最適配分は一意に決まりにくい．

結果的にパレート最適であればよいという意味では，凸性が必須条件とも言えない．しかし，この特性の欠如が議論を飛躍的に複雑化することは事実である．さらに，次節でみるように，完全競争経済が，この凸性（とくに限

界生産力逓減の意味での凸性）と密接な関連をもつことを思えば，このことの仮定に躊躇はない．

4．競争均衡とパレート最適

前節と同様，ここでも，2消費財 (x, y) と，それを消費する2消費者 (A, B)，これら消費財を2生産要素 (k, l) をつかって生産する1ないし2生産者からなる経済において，完全競争市場均衡がパレート最適な資源配分をもたらすことを確認する．

企業数1 ── 生産コストが0のケース ──

消費のパレート最適性についての分析結果は前節と変わらないが，生産についても，利潤最大化をもたらす生産は生産可能性曲線上で実現されることがわかる．なぜなら，仮定によって要素市場は均衡しているから，売上額最大化行動がパレート最適な生産要素配分を保証する．

生産のパレート最適：この生産企業が利潤（売上）最大化を実現している場合，生産可能性曲線の接線の傾きは，

$$\frac{dy}{dx} = -\frac{p_x}{p_y}$$

が成立している．この式が不成立なら売上高の増大が可能である．販売額が最大化されているとき，生産要素の配分がパレート最適であることは自明である．そうでないなら，生産増が，したがって販売額増が達成されるからである．

消費のパレート最適：各消費者は，あたえられた予算のもとで，効用最大化するから，

$$\frac{dy}{dx} = -\frac{p_x}{p_y}$$

が成立するような消費財の組み合わせを選択する．

生産と消費のパレート最適：以上の分析から，生産と消費のパレート最適

性が実現されていることは自明である．すなわち，
- (1) 各消費財の配分がパレート最適である
- (2) 各生産要素の配分がパレート最適である
- (3) 限界変形率（生産可能性曲線）と限界代替率（消費）が等しい

が成立する．

企業数2 ── 生産コストが0でないケース ──

企業数を2として，X財を生産する企業とY財を生産する企業とを区別する場合にも，やはりパレート最適性は保持される．以下，このことを示す．

2企業の場合，生産については，各企業が，それぞれ独自に利潤を最大化している．ただ，要素市場均衡の仮定および所与の要素価格のもとでは，2企業の費用合計は一定であり，利潤合計も最大になっている（そうでないなら，どちらかの企業利潤が改善可能）ことから，結局，販売額合計も最大化される．

生産のパレート最適：販売額が最大化されていることから，生産要素のパレート最適配分を実現していることがわかる．したがって，生産点が生産可能性曲線上にくることもわかる．

消費のパレート最適：各消費者はあたえられた予算と市場均衡価格のもとで効用極大化をはかり，2財のもたらす限界効用比が価格比に等しくなるような選択をおこなう．結局，消費者A, Bのいずれについても，

$$\frac{dy}{dx} = -\frac{p_x}{p_y}$$

が成立している．

生産と消費のパレート最適：生産可能性曲線上の選択された点では，合計販売額が最大化されているのであるから，そこでは，合計販売額最大化条件：

第 3 章　競争市場均衡の評価

$$p_x \times \frac{\partial x}{\partial k} = -p_y \times \frac{\partial y}{\partial k}$$

$$p_x \times \frac{\partial x}{\partial l} = -p_y \times \frac{\partial y}{\partial l}$$

が満足されており，

生産要素 k, l のいずれについても，

$$\frac{dy}{dx} = -\frac{p_x}{p_y}$$

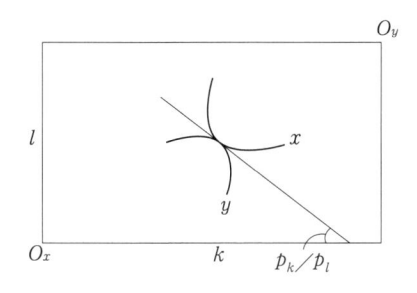

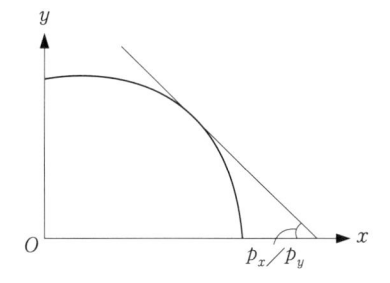

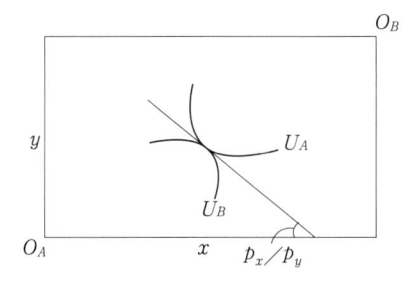

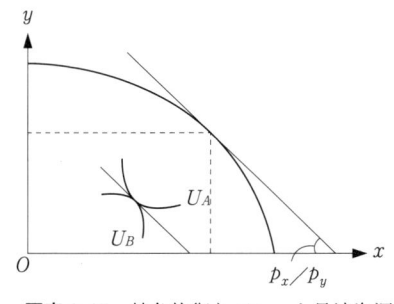

図表 3.15　競争均衡とパレート最適資源配分

となる．したがって，生産と消費のパレート最適条件を満足する．

5．競争均衡と満足度

　各経済主体が思うように行動して，それらが均衡するということは，社会的正義の観点からどうであるかは別にしても，個人レベルでの満足度が最大化されることを保証する．均衡以外では，たとえば消費者については，均衡より少なく，より高い価格で購入しなければならない状況が発生する．このとき，消費者は高く買わされるのではなく，より高い価格でも購入する意思をもっていたと解釈すべきである．

消費者余剰

　消費者が支払ってもよいとおもっていた額と実際に支払う額の差を消費者余剰という．図表 3.16 の斜線部分の面積が（価格 p^* にたいする）それに相当する．需要曲線の高さが追加的ないしは限界的な購入にたいして支払ってもよいとおもう主観的価格を示すからであるが，購入の増大につれて手持ち貨幣量も減っていくから，貨幣の希少性の増大（貨幣を手放したくなくなる欲求）が数値に影響をあたえないような想定が望まれる．

　厳密には，消費者が，貨幣のみを所持するときと，貨幣と財の組み合わせを保有するときの効用水準の（貨幣額表示による）差を（その財の購入にたいする）消費者余剰と定義する．それが需要曲線の下の面積に等しくなることについては，微分関数である需要関数を，もとの効用水準（効用関数）にもどすとき積分されることによる．

　無差別曲線を利用する消費者余剰の本来的な定義は，貨幣を共通財にしているという事実も確認しておきたい．一般にはどのような財でもよいのであろうが，それでは，余剰計算をするのに使われる財の種類によって消費者余剰が変動する．消費者の予算，他財の価格および消費者の嗜好は変化しないと想定されているが，他財の価格がどの水準に設定されているかによって消費余剰の大きさは異なる．価格は均衡水準にあるものと解釈してよい．予算

図表 3.16 消費者余剰

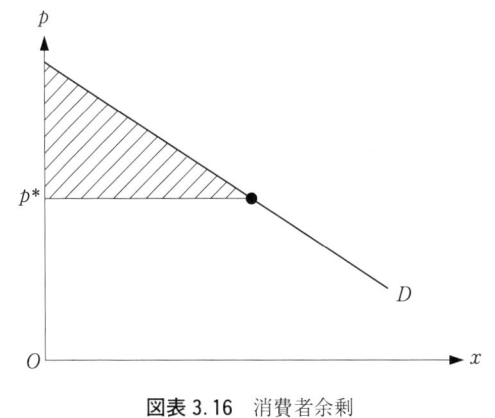

についても，経済が競争均衡にあるときの水準になっている．

生産者余剰

消費者余剰にたいして，生産者余剰という概念もある．これは，通常，利潤と混同されがちだが，正確には異なる．限界費用は生産増にともなう費用の増分であるから，それは可変費用のみを反映して，固定費についての情報はあたえない．そのため，図表 3.17 の斜線部分の面積（価格 p^* のときの生産者余剰）は利潤に固定費を加えた大きさを表す．固定費は，余剰の大小順序に影響をおよぼさない．

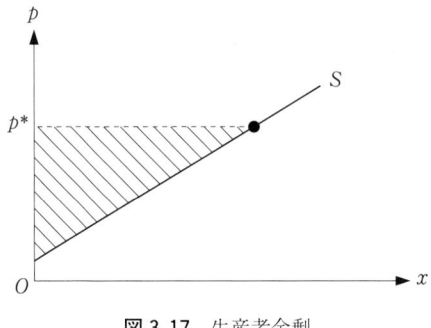

図 3.17 生産者余剰

例題 3.7 生産者余剰に固定費がふくまれる理由を説明すること．

(解説) 生産者余剰は，限界費用曲線（供給曲線）の下側，正確には，限界費用曲線と両軸（縦軸と横軸）とで囲まれる部分の面積を引いて求められる．ところで，限界費用は総費用の導関数（微分して得られる関数のこと）としてもとめられるから，固定費（定数）の値の大小には無関係である．つまり，限界費用曲線の位置は固定費の大小に関係がない．

たとえば，総費用（TC）が，
$$TC = x^2 + 5x + 10$$
の場合，固定費は 10 であるが，仮にこれが 2 倍（固定費 20）になったとしても，限界費用（MC）は，
$$MC = 2x + 5$$
のままであり変化しない．すなわち，固定費の大小によっては限界費用曲線は移動しない．

このとき，市場均衡における均衡生産量を x^* とすれば，限界費用曲線（供給曲線）の下側の面積は，具体的に，
$$\int_0^{x^*} (2x+5)\,dx = [x^2 + 5x]_0^{x^*} = (x^*)^2 + 5x^*$$
となる．これは可変費用を示しており，固定費（10）は含まれていない．

このため，結果的に，市場均衡価格を p^* とするときの消費者余剰は，
$$p^* x^* - ((x^*)^2 + 5x^*)$$
となり，固定費が含まれることになる．

6．課税と余剰

消費者余剰と生産者余剰の和を社会的余剰という．ここでの消費者・生産者は社会全体の消費者であり生産者であるが，対象とされる財はひとつの財であることに注意したい．社会的余剰は完全競争均衡において最大になる．したがって，完全競争状態にある均衡経済にあっては，いかなる目的の課税であっても，本来的な意味では社会的余剰を増大させることはない．

従 量 税

財1単位当り一定額の課税を従量税という．従量税が課せられた場合，供給曲線（S）は課税分だけ上に平行移動（S'）される．図表 3.18 には1単位あたり t の課税がおこなわれるケースを図示している．これは形式的には販売価格の上昇になるから，市場均衡価格は上昇して，均衡での取引量（需給均衡量）は減少する．その結果，消費者余剰も生産者余剰も減少するが，減少分の一部は税収となる．政府が登場するさいには，社会は消費者，生産者および政府から構成される．

図表 3.18 から明らかなように，課税後の社会的余剰は，課税前の社会的余剰よりも三角形の面積（$\triangle EAE'$）だけ小さくなる．この部分は余剰損失であり，課税の超過負担といわれる．

競争均衡はパレート最適を達成するが，初期保有や所得配分の公平性および公共性には無力である．また，公害に代表されるような，重大な問題にもかかわらず，市場でその価格を評価されにくいものがある（市場経済の外に展開される負の経済効果であるという意味で，外部不経済といわれる）．このようなものは，市場メカニズムのみにまかせておいては解決されない問題であるため，第三者である政府が，課税によって公害除去費用の負担をもとめる根拠がある．

課税前との対比で考えれば，生産者が余剰を減少させるのみでなく，消費

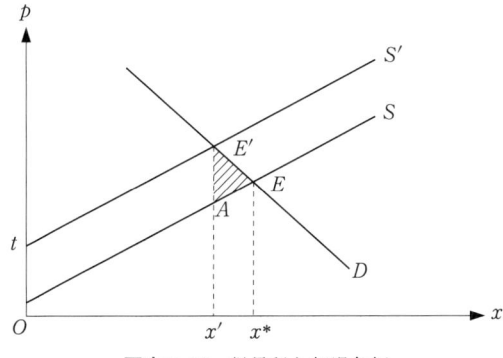

図表 3.18 従量税と超過負担

者も高価格と余剰減をこうむっていることが分かる．

従 価 税

従価税は，すでに消費税として登場しているから理解されやすい．価格にたいして一定率で課される税のことである．図表 3.19 には税率 t の場合を図示している．この場合の販売価格は課税前の $1+t$ 倍になる．消費税という名称に幻惑されて，需要曲線に $1+t$ を掛ける人はいないであろうが，すべての課税は供給曲線側に設定されると考えてさしつかえない．最終需要者である消費者の態度決定は変更不能である．

従価税が従量税と異なる点は，従量税が販売数量に比例するのにたいして，従価税は販売数量の増大とともに幾何級数的に税額がおおきくなるところにある．価格増が発生すれば，自動的に税額が増える点は累進的性格をもつ．

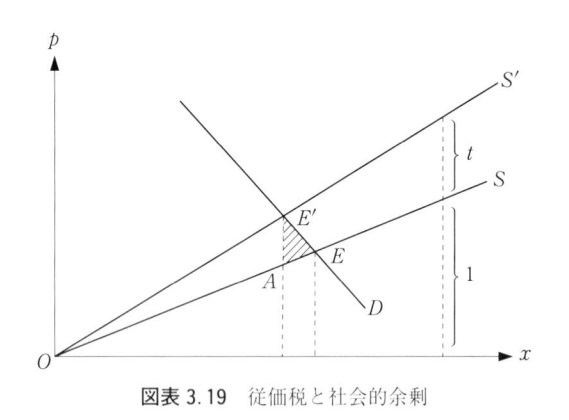

図表 3.19 従価税と社会的余剰

余剰計算をめぐる問題

完全競争市場均衡はパレート最適な資源配分を達成する，という理論的な命題を背景にして，ミクロ経済学からの積極的な主張の多くは余剰概念をめぐって展開される．しかし，完全競争市場均衡が最適な資源配分を達成するというとき，その最適の根拠は各経済主体の主観的価値判断をそのまま受容することにある．余剰についても，計算主体は個別消費者および個別企業である．社会的な価値判断は消えている．

第3章 競争市場均衡の評価

ところで，公害による社会的余剰の減少という場合，その減少分の価値表示が公害の除去費用と対比されるのはどのような理由によるのであろうか．このとき，いわゆる消費者余剰が，効用水準の低下にもとづく無差別曲線の（原点寄りの）平行移動によっては数値上の影響をうけない事実に着目したい．供給曲線が固定費の変動によって移動しないということと類似である．真正の余剰低下部分がどれほどであったかは，語られないままに終わる．

なお，ひとつの市場において完全競争市場均衡に対応する価格，生産量水準が達成されないならば，全経済変数に波及して，余剰計算の基本システムに誤差を生じる．この点に言及されることはほとんどない．これも，部分均衡分析のもつ特性であろう．

例題 3.8 ある財 X の需要曲線が，需要量を x，価格を p として，

$$p = -2x + 20$$

であり，供給曲線が，

$$p = 2x$$

である．市場均衡 E における社会的余剰の大きさはいくらか説明すること．

（解説） 市場均衡点 (x^*, p^*) は，需要曲線と供給曲線の交点として求められるから，

$$p = -2x + 20$$
$$p = 2x$$

より，市場均衡における均衡生産量と均衡価格は以下のように求められる．

$$x^* = 5$$
$$p^* = 10$$

ところで，社会的余剰 S_s は消費者余剰 S_c と生産者余剰 S_p の和であり，このうち消費者余剰は，需要曲線と両軸（縦軸と横軸）で囲まれる部分の面積であるから，

$$S_c = \frac{1}{2}(20 - 10) \times 5$$

となり，生産者余剰は，供給曲線と両軸（縦軸と横軸）で囲まれる部分の面積であるから，

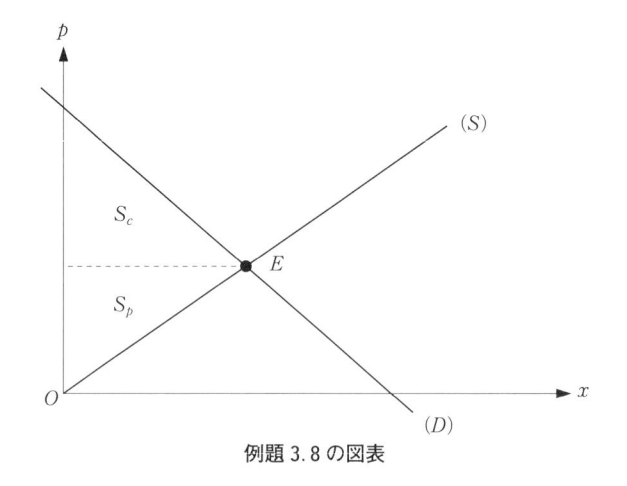

$$S_p = \frac{1}{2}(10-0) \times 5$$

となる．したがって，もとめる社会的余剰の大きさは，
$$S_s = 25 + 25 = 50$$

問題 3.5 ある財 X の需要曲線が，需要量を x，価格を p として，
$$p = -x + 30$$
であり，供給曲線が，
$$p = 2x$$
であるとき，市場均衡 E における社会的余剰の大きさはいくらになるか説明すること．

章末問題

問題 1 完全競争市場均衡において，社会的余剰が最大化する理由を説明すること．

問題 2 個人 A の効用関数 U_A および個人 B の効用関数 U_B と，財 X，Y の存在量が以下に与えられている．ここで，x_A，x_B は，各々，個人 A および個人 B の財 X の需要量であり，y_A，y_B は，各々，個人 A および個人 B の財 Y の需要量である．

$$U_A = x_A^{\frac{1}{4}} y_A^{\frac{3}{4}} \qquad \text{(効用関数)}$$

$$U_B = 2x_B^{\frac{3}{4}} y_B^{\frac{1}{4}} \qquad \text{(効用関数)}$$
$$x_A + x_B = 10 \qquad \text{(財存在量)}$$
$$y_A + y_B = 10 \qquad \text{(財存在量)}$$

このとき，それぞれの財の価格を p_X および p_Y が，

$$\frac{p_y}{p_x} = 1$$

となるようなパレート最適配分を説明すること．ただし，初期保有は，

$$x_A = 10,\ x_B = 0$$
$$y_A = 0,\ y_B = 10$$

である．

参 考 文 献

武隈慎一『ミクロ経済学』新世社，1989 年．
西村和雄『ミクロ経済学入門』岩波書店，1995 年．
細江守紀・大住圭介編著『ミクロ・エコノミックス』有斐閣，1995 年．
松下正弘・大住圭介・中込正樹・平澤典男『チャートで学ぶ経済学』有斐閣，1990 年．
村田省三『ミクロ経済のゲーム』九州大学出版会，1995 年．

第4章　不完全競争

　ここでは，独占および寡占などに代表される，いわゆる従来型の不完全競争市場分析をあたえるが，ミクロ経済分析において主流となりつつあるゲーム理論による分析例も示すこととする．クールノー複占市場やシュタッケルベルグ複占市場の標準的分析にたいするゲーム理論の適用がそれにあたる．

　不完全競争市場の例は，この他にも，最近になって研究のすすめられた分野がいくつか存在している．従来型分析の位置づけをおこなうという意味から，これらの分野についての概略を最初の節であたえている．標準分析のみに興味のある読者はこの節をとばしてもさしつかえない．

1．不完全競争市場

不完全競争市場の特徴

　不完全競争市場では特定経済主体による恣意的な経済変数のコントロール，不明情報および何らかの規制等が存在する可能性がある．したがって，完全競争市場における経済行動分析に比して経済モデル内に固定された与件ないしはパラメータ数は基本的に減少する傾向にある．とくに，個別経済主体による恣意的な戦略行動は重要である．

　完全競争市場の条件は，
① 経済主体（売手・買手）の数が十分に多い
② 製品は同質である

③ 市場情報は完全である
④ 特殊な取引関係がない
⑤ 市場参入・退出に制限がない

であるから，不完全競争市場では，これらのうちのすくなくとも1つが不成立となる．

代表的なものは①および②が不成立となるケースであり，独占，寡占および独占的競争などがある．③が不成立となるとき，いわゆる不完全情報をともなう市場になる．不完全情報とみられるケースは多い．

独占・寡占・独占的競争

独占は，完全競争の前提条件①が不成立の場合である．独占には，ある財の供給者が1社である供給独占，需要者がただ1人の需要独占，およびそれらが同時に発生する双方独占のケースがある．

ミクロ経済学でとりあげられる独占はほとんど供給独占である．規模にかんする収穫逓増が発生する（生産の凸性がくずれる）とき，供給独占は発生しやすい．しかし，需要独占もけっして非現実的な状況ではない．独占企業が，自企業のみで使用する原材料を一括購入するケースがそうである．

不完全独占状況もある．部分独占がそれであり，1社の独占的企業と無数の完全競争的企業群が同時に存在する．やはり完全競争市場均衡以外の点を実現する．完全競争の前提①のみならず，しばしば前提②もくずれる．市場が完全に数社で占められる寡占もある．前提①，②が同時不成立のケースである．現実経済にはよくあてはまるケースだが，通例の最適化行動分析が意味をもたなくなる．相手企業の動向が自企業利潤を左右するためである．その状況下では，前提③の成立も危ぶまれる．

形式的には完全競争にちかいような不完全競争もある．独占的競争がそうである．企業数は無数であるが，製品差別化があり，前提②がくずれる．美容院などが好例である．前提③の不成立も予想されるが，理論的な分析対象にはなりにくい．

不完全情報

　情報が完全でないというとき，まったくの0（ゼロ）情報を意味しないと考えるのが情報経済学の立場である．情報は不完全であるが，確率分布はわかっているとすると，合理的な経済主体のとる行動として予想されることは期待利潤最大化行動や期待効用最大化行動である．ただし，期待利得の低いことがただちに不実行を保証しないという事実に注目すべきである．危険回避者であれば，確定所得を期待所得より高く評価する．危険愛好者であればその逆となる．

　確率分布さえ分からない情報も存在する．その場合，探索費用をかけて情報収集が検討されることもある．そこでは，探索によって予想される収入増と，それに要する探索費用とが比較考量される．

情報の非対称性

　不完全情報のなかでは，近年，研究のすすんだ分野である．情報の非対称性は，"知るもの"と"知らざるもの"の両者を登場させるから，そこでは戦略的行動が発生しやすく，ゲーム理論が適用される．非対称情報のある場合，完全情報下にある市場では考えられない状況が発生する．逆選抜とモラル・ハザードがその典型である．

逆選抜

　情報をもたない側が，結果的に粗悪品をつかまされる場合である．普通，選抜といえば良いものを選択することであるが，経済主体がそのような意思をもっていたとしても，情報の欠落によって，必然的に粗悪品を購入することがある．中古車市場の例がよく引用される．中古車ディーラーは価格以上の価値をもつ高品質車をみすみす店頭には出さない．店頭に並ぶのは，低品質車のみとなる．

　販売側がいつも情報保有側であるとはかぎらない．保険市場では，保険加入者側が情報者であり，保険会社側が情報非保有者となる．ある保険料率が提示されると，加入者は，その保険料率のもとで加入することが有利である

ような者ばかりとなる．これは，あきらかに保険会社の損失を誘発する．保険料率のアップは決定的な解決にならない．高い保険料率のもとでもふたたび同様な現象が発生する．

モラル・ハザード

保険加入者の事故率に応じて保険料が設定されるとしても，その事故率は常に一定というわけではない．保険加入後に事故率が上昇する可能性が指摘されている．これは一種の精神的堕落を原因として起こるものとかんがえられる．保険加入者の加入後の性癖変化については，とくに個別ケースについて，事前に予測することは難しい．この現象をモラル・ハザードという．モラル・ハザードの存在は，正当な保険料率の決定を困難にする．

2．独占市場

供給独占

供給独占においては，供給者は唯一であるから，独占企業は自社製品の生産量および価格を自由に決定しうる立場にある．しかし，自由に決定された価格で販売可能というわけではない．独占企業であっても，完全競争企業と同様に，消費者の需要動向は与件であって，自在に変更できない．

そのため，独占企業の行動様式は，与えられた生産条件と与えられた市場需要条件のもとで利潤を最大化することになる．具体的には，その条件下で利潤最大をもたらす価格，生産量を決定することになる．

独占企業の利潤

ある財の供給を独占する企業にとっての市場需要関係が，
$$P=P(x)$$
であり，生産条件（費用関数）が，
$$C=C(x)$$
であるとすれば，収入関数を，$R=R(x)$ とするとき，利潤関数：

第4章　不完全競争

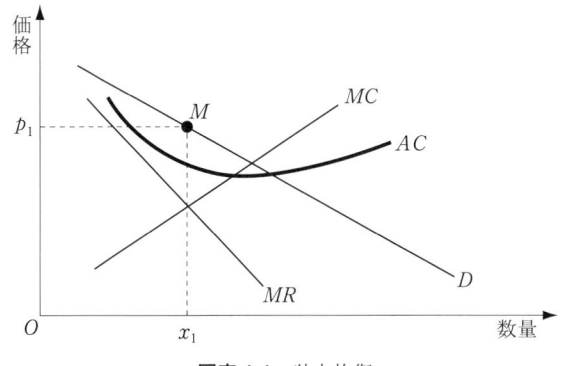

図表 4.1　独占均衡

$$\Pi(x) = R(x) - C(x)$$

の最大化条件は，

$$\frac{d\Pi(x)}{dx} = \frac{dR(x)}{dx} - \frac{dC(x)}{dx} = 0$$

であるから，限界収入（MR）と限界費用（MC）は等しくなる．すなわち，

$$MR = MC$$

が達成される．この条件は完全競争ケースと形式的には同一であるが，限界収入が固定価格とならない点が異なっている．

図表4.1において，限界費用 MC は右上がり，限界収入 MR は右下がりの直線で描かれている．このとき，独占企業は x_1 を生産し，それを販売可能な最高価格 p_1（需要曲線 D によって示唆される需要価格）で販売する．(x_1, p_1) で示される M はクールノー点といわれる．

ラーナーの独占度

MR 曲線の形状については，

$$\frac{dR(x)}{dx} = \left(\frac{dp}{dx}\right)x + p(x) = \left(\frac{xdp}{pdx} + 1\right)p(x) = \left(\left(\frac{dp}{dx}\right)\left(\frac{x}{p}\right) + 1\right)p(x)$$

$$= \left(1 - \frac{1}{\epsilon}\right)p(x)$$

であることから，需要曲線 D と価格切片を同一にするものの，右下がりの

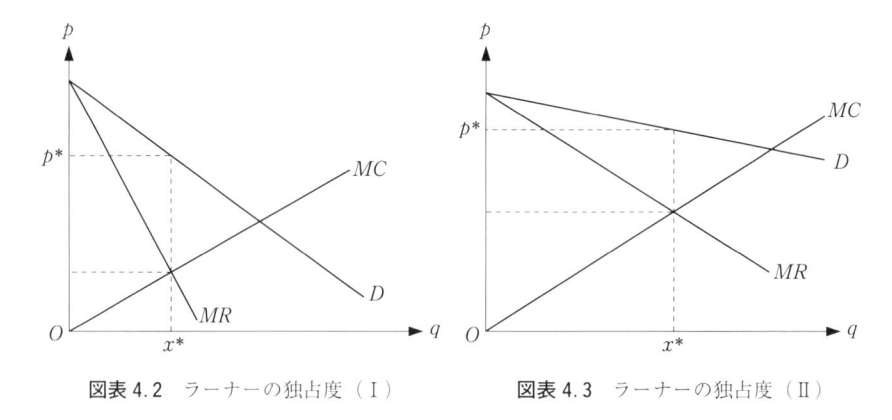

図表 4.2 ラーナーの独占度（Ⅰ）　　　**図表 4.3** ラーナーの独占度（Ⅱ）

度合いは強い．その程度は需要の価格弾力性（ϵ）の逆数に依存する．

また，独占均衡では，

$$MR = MC$$

であるから，

$$\left(1 - \frac{1}{\epsilon}\right) p(x) = MC$$

が成立して，独占価格 p と限界費用 MC のあいだには，

$$\frac{p - MC}{p} = \frac{1}{\epsilon}$$

という関係が認められる．この値をラーナーの独占度という．この独占度は需要の価格弾力性（ϵ）の逆数になっている．したがって，需要の価格弾力性が小さいほど独占度は高くなる．図表 4.2 および図表 4.3 によって，そのことが確認される．

例題 4.1 財 X の価格を p とするとき，財 X の需要関数（D）と同財の独占供給企業の費用関数（C）が以下に与えられている．ここで，x は X 財の数量である

$$p = 60 - 3x \tag{D}$$

$$C(x) = 2x^2 + 5 \tag{C}$$

このとき，独占均衡生産量を説明すること．また，ラーナー独占度はいくらになるか説明すること．

第 4 章　不完全競争

(解説)　独占均衡では，限界収入 (MR) と限界費用 (MC) は等しくなる．すなわち，

$$MR = MC$$

であり，また，

$$MR = 60 - 6x$$
$$MC = 4x$$

であるから，

$$60 - 6x = 4x$$

より，独占均衡生産量 x^* は，

$$x^* = 6$$

になる．一方，独占均衡価格 p^* は，この均衡生産量の需要価格であるから，需要関数に代入することにより，

$$p^* = 42$$

であることが分かる．

均衡生産量にたいする限界費用は 24 であるから，ラーナー独占度は，

$$\frac{p - MC}{p} = \frac{42 - 24}{42} = \frac{3}{7}$$

となる．なお，完全競争の場合のラーナー独占度は 0（ゼロ）である．

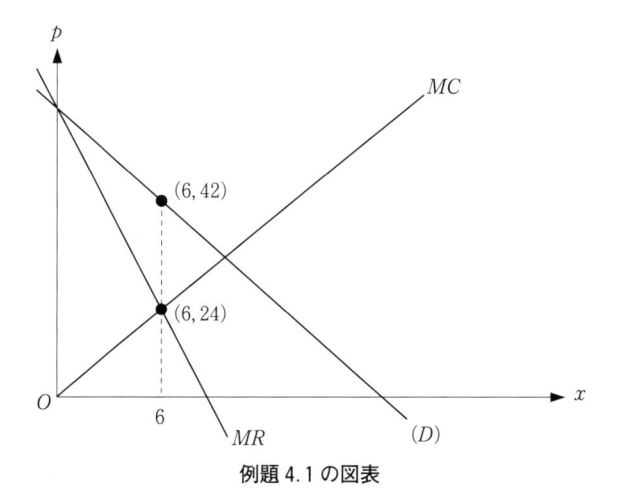

例題 4.1 の図表

（注）以上の計算方法は簡便法である．基本的には，利潤関数：
$$\pi(x)=(60-3x)x-(2x^2+5)$$
の最大化条件より，
$$60-6x-4x=0$$
から，限界収入と限界費用が等しいという条件
$$MR=MC$$
を得て，上記の分析を開始することになる．

問題 4.1 財 X の価格を p とするとき，財 X の需要関数 (D) と同財の独占供給企業の費用関数 (C) が以下に与えられている．ここで，x は X 財の数量である．

$$p=80-x \tag{D}$$
$$C(x)=4x^2+5 \tag{C}$$

このとき，独占均衡生産量を説明すること．また，ラーナー独占度はいくらになるか説明すること．

独占による社会的余剰の減少

独占による生産の決定は，完全競争による生産水準にくらべて低いものになる．図表 4.4 から，その差を推定できるが，差は生産量のみならず，価格水準にもあらわれる．独占による価格決定は，完全競争によるものと比較して高くなる．その程度はラーナーの独占度によって示される．いずれにしても，完全競争均衡と比較すれば消費者には不利になっている．生産者については，独占均衡点 E_M は完全競争点 E_P より大きな利潤を発生させている．

消費者余剰と生産者余剰の和である社会的余剰の大きさについて，独占均衡と完全競争均衡を比較してみよう．図表 4.4 においては，独占のケースで，消費者余剰は $p_1 E_M A$ であり，生産者余剰は $BDE_M p_1$ となる．一方，独占企業の限界費用曲線 (MC) を完全競争企業群による供給曲線 (S) とみれば，完全競争均衡点は E_P であり，そこでの消費者余剰は $p_0 E_P A$，生産者余剰は $p_0 E_P B$ である．したがって，社会的余剰は独占均衡のほうが $E_M DE_P$ だけ小さくなる．独占市場においては厚生の減少が発生する．この部分は社会的欠損（social deficit）といわれる．

第 4 章　不完全競争　　　　　　　　　　　　　　　　　　　　103

図表 4.4　独占による社会的余剰の減少

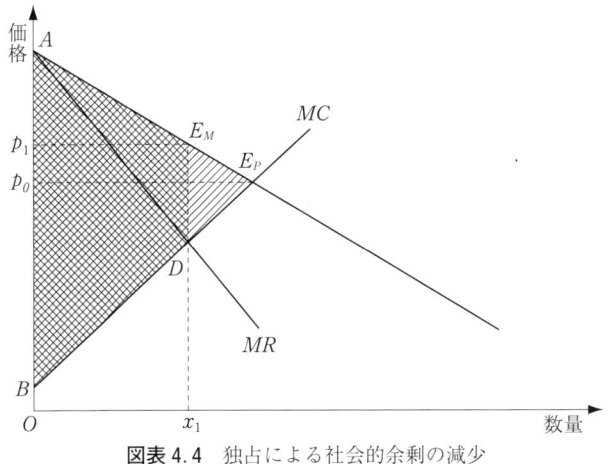

例題 4.2　財 X の価格を p とするとき，財 X の需要関数 (D) と同財の独占供給企業の費用関数 (C) が以下に与えられている．ここで，x は財 X の数量である．

$$p = 60 - 2x \quad (D)$$
$$C(x) = x^2 \quad (C)$$

完全競争均衡と比べて社会的余剰減少はいくらになるか．

(解説)　独占均衡では，限界収入 (MR) と限界費用 (MC) は等しくなる．すなわち，

$$MR = MC$$

であり，

$$MR = 60 - 4x$$
$$MC = 2x$$

であるから，

$$60 - 4x = 2x$$

より，独占均衡生産量 x^* は，

$$x^* = 10$$

になる．一方，独占均衡価格 p^* は，この均衡生産量の需要価格であるから，需要関数に代入することにより，

$$p^* = 40$$

であることが分かる．

　社会的余剰 S_s は消費者余剰 S_c と生産者余剰 S_p の和であり，このうち消費者余剰は，需要曲線と両軸（縦軸と横軸）で囲まれる部分の面積であるから，

$$S_c = \frac{1}{2}(60-40) \times 10 = 100$$

となり，生産者余剰は，供給曲線と両軸（縦軸と横軸）で囲まれる部分の面積であるから，

$$S_p = \frac{1}{2}((40-0)+(40-20)) \times 10 = 300$$

となる．したがって，もとめる社会的余剰の大きさは，

$$S_s = 300 + 100 = 400$$

である．

　一方，完全競争市場均衡では，価格と限界費用が等しくなるから，

$$P = 60 - 2x$$
$$MC = 2x$$

より，完全競争市場均衡における均衡生産量および均衡価格は，

$$x^* = 15$$
$$p^* = 30$$

であることが分かる．このときの社会的余剰 S_s は，消費者余剰 S_c が，

$$S_c = \frac{1}{2}(60-30) \times 15$$

となり，生産者余剰 S_p が，

$$S_p = \frac{1}{2}(30-0) \times 15$$

となることから，

$$S_s = 225 + 225 = 450$$

になる．

　以上から，独占による余剰減少（死重的損失）の大きさは，

$$50 = 450 - 400$$

第4章　不完全競争

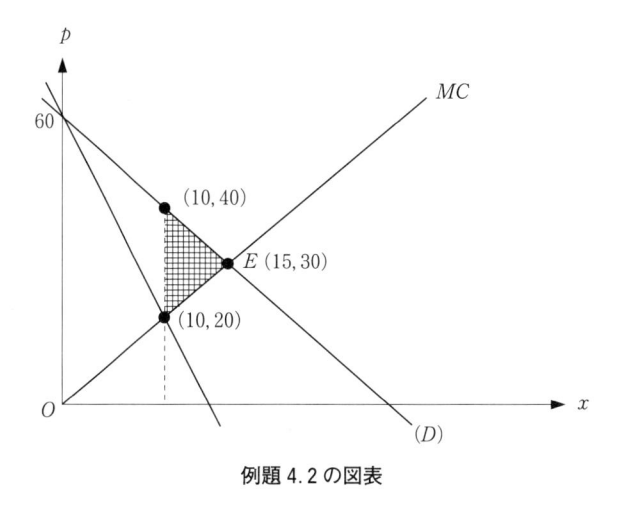

```
         p
         |
      60 |\
         | \
         |  \        MC
         |   \       /
         |    •(10,40)
         |   /|\
         |  / | \
         | /  |  • E (15,30)
         |/   |  /\
         |    • (10,20)
         |   /|   \
         |  / |    \
         | /  |     \
        O+----+------\----→ x
                      (D)
```

例題 4.2 の図表

である．なお，上図が参考になる．

問題 4.2 財 X の価格を p とするとき，財 X の需要関数 (D) と同財の独占供給企業の費用関数 (C) が以下に与えられている．ここで，x は X 財の数量である．

$$p = 60 - x \qquad (D)$$
$$C(x) = x^2 \qquad (C)$$

完全競争均衡と比べて社会的余剰減少はいくらになるか．

過剰生産能力

過剰生産能力は，平均生産費が最低となる生産水準と現実の生産水準との差のことである．平均生産費が最低になる生産水準のことを適正生産水準ということもある．適正生産水準とは，資源の最適利用という，社会的公正性の視点からみた生産の最適水準である．

独占において，論理的ないしは必然的に正の過剰生産能力が発生するというわけではないが，完全競争に比べて設備は大規模であり，しかも生産量は低くおさえられる傾向があるという点では，過剰生産能力の発生可能性は高い．

需要独占

　ここまでは供給独占の場合を考察してきたが，逆に，市場における需要者がただ 1 人であることも考えられる．供給独占を売手独占（monopoly）というのにたいして，需要独占は買手独占（monopsony）ともいわれる．需要独占企業は，一般に，できるかぎり低価格での購入をもくろむ．したがって，その製品について供給独占も同時に起こっているような双方独占（bilateral monopoly）のケースを除けば，おそらく購入価格の水準はその製品の平均生産費にまで低落する．それ以上の価格水準のもとでは需要独占企業は購入しないし，それ以下の価格では供給側の企業が存立不可能となるからである．

　一方，供給独占と需要独占が同時に起こる双方独占においては，たとえば労働組合と雇用者の間で展開される交渉（bargaining）の問題を考察しなければならない．

例題 4.3　生産要素 X 財を投入し，Y 財を生産するある企業の生産関数が，投入量を x，生産量を y として，

$$y = 4x$$

であるとする．また，X 財の（市場の）供給関数が，価格を p として，

$$x = 4p - 8$$

であるとする．このとき，Y 財を生産するこの企業が X 財を独占的に需要するものとすれば，X 財価格はいくらになるか．ただし，Y 財価格は 10 であるとする．また，X 財の供給は完全競争的であるとする．

（解説）　X 財の（市場の）供給関数が，

$$x = 4p - 8$$

であることから，この X 財の供給価格は，

$$p = \frac{1}{4}x + 2$$

となる．したがって，この需要独占企業の Y 財生産についての費用関数は，Y 財を生産するために必要な原料 X 財の数量が，

$$x = \frac{y}{4}$$

であることと，その X 財の供給価格より，

$$C(y) = \left(\frac{y}{4}\right)\left(\left(\frac{1}{4}\right)\left(\frac{y}{4}\right)+2\right) = \frac{y^2}{64} + \frac{y}{2}$$

となることが分かる．

限界費用は，

$$MC = \frac{y}{32} + \frac{1}{2}$$

であるから，この需要独占企業の生産物（Y 財）価格が 10 であることと，利潤最大化条件（価格＝限界費用）より，

$$10 = \frac{y}{32} + \frac{1}{2}$$

を得て，X 財の数量は 76 であることが分かり，求める価格が 21 であることが分かる．

部 分 独 占

部分独占とは，市場に 1 つの独占的な企業と多数の競争的小企業が存在する場合である．もちろん，このような状況でも，独占的な立場にある企業は価格設定能力をもち，完全供給独占企業と同様な行動をとる．一方，その他の競争的小企業にはそのような力はないので，こちらは逆に完全競争企業のように価格受容者，すなわちプライス・テイカーとして行動する．

部分独占企業の行動

部分独占においても，独占的な企業の生産量は，

　　　限界収入＝限界費用

を満足するように決定され，それを販売可能な最高価格で販売するとみてよいが，このとき，市場にはほかの競争的な小企業群が存在するために，完全独占のケースと違って，市場の需要曲線はそのままただちにこの独占企業にたいする需要曲線とはならない．実際，この独占企業がある価格を設定したとすれば，競争的小企業はその価格を所与として完全競争的に生産をおこなうから，独占企業にたいする需要は減少せざるをえない．

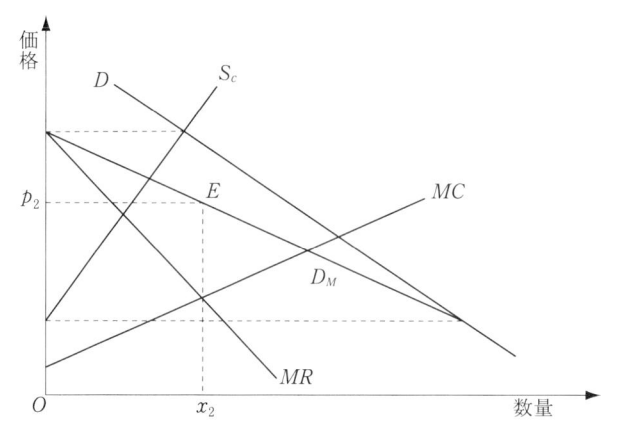

図表 4.5 部分独占の均衡

　部分独占における独占的企業は，市場の需要関数 D と他の小企業の供給曲線の総計曲線 S_c を知って，自企業にたいする需要曲線 D_M を，各価格水準ごとの推定値をもとに算出するであろう（図表4.5を参照）．このようにして自企業にたいする需要曲線を知った後は，通常の供給独占企業と同様な行動様式に従うことになる．均衡は，生産量 x_2，価格 p_2 のもとで達成される．

差別価格

　これまでの分析では，独占企業の生産物はすべて同一価格で販売されることが想定されている．しかし，仮に同一製品について複数の価格設定が可能であれば，価格差別（price discrimination）が発生するかもしれない．実際，高価格での需要者と低価格での需要者がおのおの異なっているならば，そのような事態が生じる．

　いま，2つの市場（需要関数 $D_i(i=1,2)$ をもつ）を独占する企業が，第1市場と第2市場でそれぞれ価格 $p_i(i=1,2)$ を設定するとしよう．そうすると，この独占企業の利得は，それぞれの市場での限界収入が限界費用と等しくなるとき，すなわち，

$$MR_1(x_1^*) = MC(x_1^* + x_2^*)$$
$$MR_2(x_2^*) = MC(x_1^* + x_2^*)$$

第 4 章　不完全競争

(a) / (b) 図（価格・数量のグラフ：E_1, p_1, $MC(x_1+x_2^*)$, D_1, MR_1, x_1^*；E_2, p_2, $MC(x_1^*+x_2)$, D_2, MR_2, x_2^*）

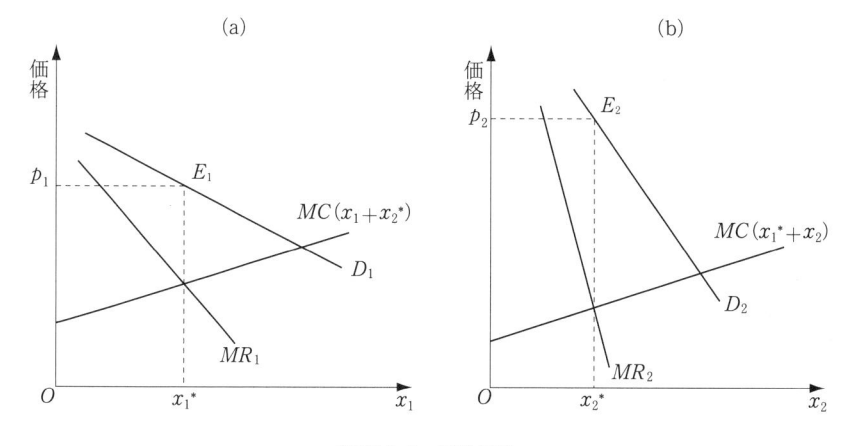

図表 4.6　差別価格

のとき最大になる．独占企業は，この式が達成されるように2つの市場に財を配分する．ここで，(x_1^*, x_2^*) はこのときの生産量の組である（図表4.6参照）．

このとき，2つの市場での価格差別の程度は，各市場での需要関数の形状，すなわち需要の価格弾力性に左右される．価格弾力性の小さい市場において，相対的に高い価格が設定される．

例題 4.4　財 X を第1地域および第2地域に独占供給している企業の費用関数 (C) が，

$$C(x_1+x_2)=(x_1+x_2)^2+10(x_1+x_2)$$

であり，各地域の需要関数が，

$p_1=90-2x_1$　　　　　　　　　　　　　　　（第1地域の需要関数）

$p_2=50-x_2$　　　　　　　　　　　　　　　（第2地域の需要関数）

であるとき，この独占企業の（各地域での）生産数量および価格を説明すること．ただし，p_1 は第1地域の需要価格，x_1 は第1地域の需要量であり，p_2 は第2地域の需要価格，x_2 は第2地域の需要量である．

（解説）　利潤最大化が達成されているものとすれば，そこでは，それぞれの地域における限界収入と（この企業の）限界費用とが等しくなっていなければならない．すなわち，

$MR_1 = MC$

$MR_2 = MC$

でなければならない．したがって，

$90 - 4x_1 = 2(x_1 + x_2) + 10$

$50 - 2x_2 = 2(x_1 + x_2) + 10$

の成立が必要である．これから，

$80 = 6x_1 + 2x_2$

$40 = 2x_1 + 4x_2$

が得られて，差別独占による均衡生産量は，

$x_1 = 12$

$x_2 = 4$

となる．このとき，各市場における販売価格は，第1市場で66，第2市場で46となる．高い需要価格が得られやすい第1市場での販売数量は大であり，反対に第2市場での販売数量は低く設定されるため，両市場での販売価格差は，需要切片の差（40の差である）にたいして縮小する傾向（20の差になる）がみてとれる．

(注)　以上の解法は簡便法である．利潤極大条件，

$MR_1 = MC$

$MR_2 = MC$

は，利潤関数，

$p_1 = \Pi(x_1, x_2) = (90 - 2x_1)x_1 + (50 - x_2)x_2 - ((x_1 + x_2)^2 + 10(x_1 + x_2))$

を，政策変数 x_1 および x_2 で偏微分して求められる．

問題 4.3 財 X を第1地域および第2地域に独占供給している企業の費用関数 (C) が，

$C(x_1 + x_2) = (x_1 + x_2)^2$

であり，各地域の需要関数が，

$p_1 = 60 - 2x_1$ 　　　　　　　　　　　　　　　（第1地域の需要関数）

$p_2 = 60 - x_2$ 　　　　　　　　　　　　　　　（第2地域の需要関数）

であるとき，この独占企業の（各地域での）生産数量および価格を説明すること．ただし，p_1 は第1地域の需要価格，x_1 は第1地域の需要量であり，

p_2 は第 2 地域の需要価格, x_2 は第 2 地域の需要量である.

3. 独占的競争

独占的競争の特徴

独占的競争の特徴は,企業数が多数であることと,そこで生産される製品が差別化されていることである.このとき,差別化された製品を相当に異なるものとみれば事実上の供給独占になる.したがって,そこでは供給独占企業と同様な価格設定行動が説明される.また,逆に,独占企業の生産する製品の相互代替性を非常に高く評価すれば,独占的競争はもはや完全競争とかわらないものになる.独占的競争の例として美容室や喫茶店など比較的小規模な企業があげられる.

独占的競争の短期均衡

製品差別化の程度については,1 つの独占的競争企業の製品にたいする需要は,自企業製品の価格上昇にたいして最も大きく減少するが,他の独占的競争企業の製品価格水準の下落にたいしても多少は減少するという仮定のなかに反映されているものと考えよう.この程度が製品差別化の程度を,したがって,逆にいえば製品代替性の程度を示すことと仮定する.さらに,完全情報を仮定しておこう.そうすると,独占的競争の短期均衡は図表 4.7 に示されるようなものになる.形式的には完全独占のケース (図表 4.1) となんら変わるところはない.なお,図表 4.7 の AC 曲線は代表的な独占的競争企業の平均費用曲線であり,D 曲線は同企業にたいする需要曲線である.また,p_2 および x_2 は,それぞれ,短期均衡価格および生産量である.

独占的競争の簡明な数理モデルは提示しにくい.2 企業分析では,複占市場分析になってしまい,n 企業分析は見通しが悪い.

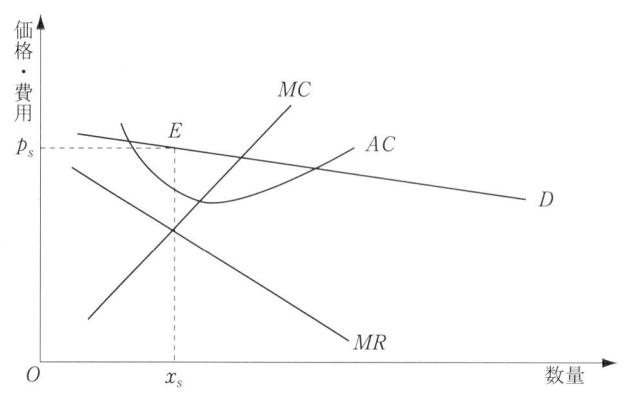

図表 4.7　独占的競争の短期均衡

完全競争均衡との相違

独占的競争の短期均衡の特徴は，交差弾力性 (cross-elasticity) という概念によっても説明することができる．交差弾力性とは，一般に，一方の財の価格変化によって他方の財の需要量がどれだけ変化するかを示したものである．供給の交差弾力性は完全競争において無限大になる．完全競争においては，製品が同質的であるために，特定企業製品のどんなに微小な価格上昇にたいしても，その企業への需要は 0（ゼロ）になる．これにたいして，独占的競争においては，製品差別化が存在しているから，他企業の製品価格上昇が自社製品の需要増をもたらす力は，製品差別化の程度が大であればあるほど，小さくなる．

独占的競争の長期均衡

独占的競争では，企業規模の小さいことによって，正の利潤があれば，企業参入が発生する可能性は高い．仮に短期において，平均生産費 AC が，

$$p > AC$$

であったとすると，実際に正の利潤が発生するから，新規参入が起こる．

その結果，独占的競争企業の数は増加して，既存企業のシェア低下，すなわち既存企業にたいする需要減（個別企業にたいする需要曲線 D の下方シフト）がもたらされる．これは，

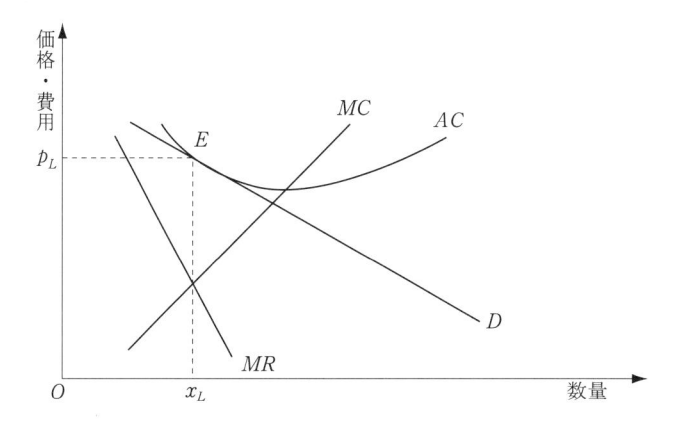

図表 4.8 独占的競争の長期均衡

$$p = AC$$

となるまで続き，結局，長期均衡利潤は 0（ゼロ）になる．したがって，独占的競争企業の結託がなく，参入の自由と情報の完全性があれば，長期的には正の独占利潤は発生しない．図表 4.8 における p_L および x_L は，それぞれ長期均衡価格および長期均衡生産量である．

4．寡占市場と屈折需要曲線

伝統的な寡占市場分析

寡占市場の伝統的な分析としては，屈折需要曲線の考え方と，売上高最大化仮説がよく知られている．そこでは，寡占市場に特有な企業行動が，情報の問題やダイナミックス（dynamics：動学）の問題などを巧みに暗示的にとりこむかたちで考察されており，その意味では寡占市場の代表的な直観分析であるといってよい．

将棋の名人戦において，これまでの形勢，次の一手，さらに今後の展開について批評するとき，それがいわゆる定石という一種の経験法則に基づくとはいえ，直観に依存するところも少なくない．伝統的寡占市場分析はこれに類したものであろう．

屈折需要曲線

　寡占市場における最大の特徴は，寡占企業による価格管理である．独占企業においては完全な価格支配がおこなわれていたから，寡占はその点で独占と異なっている．寡占企業が価格管理をおこなう理由は，いうまでもなく，それによってより大きな利潤が得られると考えられるからである．このとき，寡占市場における企業は，常に同市場における他の企業の行動を予想しながら行動する．というのも，自企業の行動がどのような利潤をもたらすかは他企業の行動に依存するからである．

　寡占企業による価格管理が具体的にどのようにしておこなわれるかをめぐっては，1つの仮説が伝統的なものとして知られている．それによれば，ある寡占企業が価格を引上げたときには他の寡占企業はそれを静観するが，価格引下げにたいしてはそれに追随するというのが寡占企業の行動パターンである．1企業による価格引上げは，その企業にたいする需要を減少させ，価格引上げを行わなかった他企業にたいする需要を自動的に増大させるから，1企業の価格引上げは他社の追随をもたらさないというのである．このとき，寡占企業にたいする需要曲線の形状は，図表 4.9 のように，(x^*, p^*) を現在値として屈折したもの（屈折需要曲線）になる．

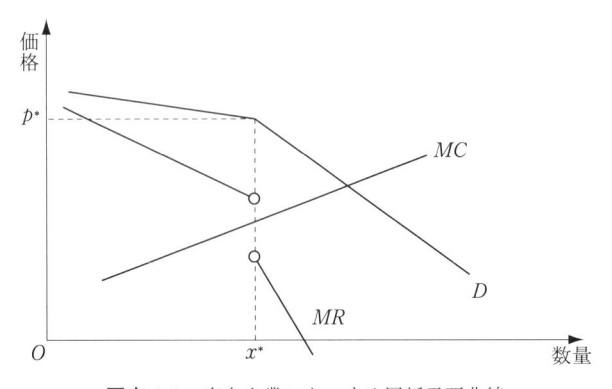

図表 4.9　寡占企業にたいする屈折需要曲線

屈折需要曲線の前提

屈折需要曲線で仮定されている企業行動が正当性をもつためには，次のような仮定のうちのいくつかが必要とされる．
① カルテルの非存在性
② 参入企業の脅威の存在
③ 製品差別化の存在
④ 寡占企業の合理的行動
⑤ 正確な行動結果予想

屈折需要曲線と限界収入

1企業にたいする需要曲線が図表 4.10 に示されるような屈折需要曲線であるとして，それはこの企業にとって既知であるとする．すると，この企業は，利潤極大化条件：

$$MR = MC$$

をもたらす最適生産量とそれにたいする最適（最高）価格水準を知る．

ところが，図表 4.10 における限界収入曲線 MR は，需要曲線が屈折するところの需要量 x^* において不連続になっているから，限界費用曲線 MC の形状によっては，

$$MR = MC$$

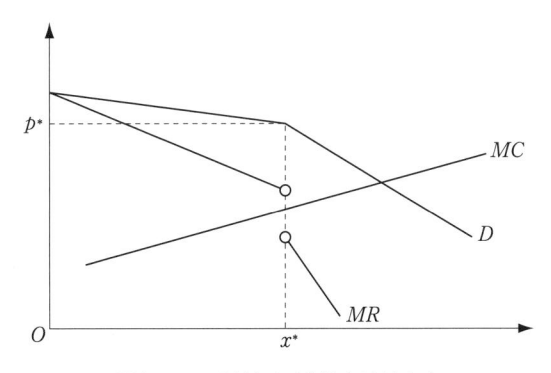

図表 4.10 屈折需要曲線と最適生産

が解をもたないこともありうる．図表4.10はそのようなケースを図示している．この場合，利潤極大をもたらす生産量は，限界費用曲線の不連続点に対応する x^* になり，そのときの均衡価格は p^* で与えられる．

価格の硬直性

いま，限界収入曲線の不連続部分で最適生産がおこなわれていたとする．その場合，生産費用の上昇によって供給の変化はあるだろうか．限界費用曲線は，当初，限界収入曲線の不連続部分を通るから，限界費用曲線が十分に変化しないかぎり，その変化後も限界費用曲線は限界収入曲線の不連続部分を通ることになる．このとき，

$$MR = MC$$

となる最適生産量もまた一定に保たれるということになる．

寡占市場における価格の硬直性はこれによって説明可能である．しかし，この結論は驚くほどのものではない．屈折需要曲線そのものが，企業の価格変更にたいする恐れを暗示しているのであるから，実際に価格変更が起こりにくいという結果がもたらされてもなんら不思議ではない．

例題4.5 少数の企業が同質的な財 X を生産している．いま，そのうちの第 n 企業について考える．第 n 企業の現在の生産量水準は24である．第 n 企業が自企業の販売価格を上昇させる場合，他の企業はすべて現状価格水準を維持するが，その場合の第 n 企業にたいする市場の需要曲線 (DD) は，

$$p = 80 - \frac{x}{4} \quad (x \leq 24)$$

になると仮定する．また，第 n 企業が自企業の販売価格を低下させる場合，他の企業はすべて追随して価格水準を下落させるが，その場合の第 n 企業にたいする市場の需要曲線 (DD) は，

$$p = 122 - 2x \quad (x \geq 24)$$

であると仮定する．

また，この第 n 企業の限界費用関数 (MC) が，

$$MC = a \quad (a \geq 0)$$

であるとする．ここで，a は定数であるとする．

このとき，屈折需要曲線モデルによれば，a に多少の変動があっても第 n 企業の販売価格は変動しないことが知られているが，a の変動がどの範囲であれば，市場価格は変動しないか説明すること．

(解説) 第 n 企業にたいする需要曲線は現在点（生産数量 24）で屈折する．このため，限界収入曲線は，

$$MR = 80 - \frac{x}{2} \quad (x \leq 24)$$

$$MR = 122 - 4x \quad (x \geq 24)$$

となり，$x=24$ において不連続になる．

ここで $x=24$ における限界収入の値を確認すると，不連続性があるために，2 つの異なる値をとることになる．それらを MR および MR' とすれば，

$$MR = 68$$

$$MR' = 26$$

となる．したがって，限界費用曲線がこの間を通過する限り，利潤最大化条件（$MR=MC$）は，生産数量 26 において達成されることとなる．つまり，不等式，

$$26 \leq a \leq 68$$

が成立すれば，第 n 企業の利潤最大化をもたらす生産量は現在の生産量水準 24 のままであり，生産量および市場価格の変更は起こらない．

問題 4.4 少数の企業が同質的な財 X を生産している．いま，そのうちの第 n 企業について考える．第 n 企業の現在の生産量水準は 10 である．第 n 企業が自企業の販売価格を上昇させる場合，他の企業はすべて現状価格水準を維持するが，その場合の第 n 企業にたいする市場の需要曲線（DD）は，

$$p = 50 - x \quad (x \leq 10)$$

になると仮定する．また，第 n 企業が自企業の販売価格を低下させる場合，他の企業はすべて追随して価格水準を下落させるが，その場合の第 n 企業にたいする市場の需要曲線（DD）は，

$$p = 70 - 3x \quad (x \geq 10)$$

であると仮定する．

この第 n 企業の限界費用関数（MC）が，

$MC = a$ （$a \geq 0$）

である（a は定数）とすると，屈折需要曲線モデルによれば，a に多少の変動があっても第 n 企業の販売価格は変動しないことが知られているが，a の変動がどの範囲であれば，市場価格は変動しないか説明すること．

売上高最大化仮説

これまでの分析では，企業はかならず利潤極大化を目指すものと仮定されていた．ところが，いったん長期的な視点から問題を考えてみると，かならずしもそうとは言い切れないであろう．実際，寡占企業において繰り広げられているシェア争いは，利潤極大化の視点からどのように解釈されるのであろうか．

利潤最大化と売上高最大化

企業は利潤最大化を唯一の目標にするとしても，それはかならずしも 1 期間で実現すべきものとはかぎらない．たとえ，その期においては利潤最大化が達成されなくても，来期との総計において利潤を最大化する戦略であればよいこともある．いったん顧客を獲得すればその顧客が数期にわたって安定した顧客になる傾向があるとき，販売実績のみを追求することはなんら矛盾ではない．すなわち，市場におけるシェアを高めること，あるいは販売高水準を追求することは，それが長期的な利潤増につながることを確信できさえすれば，企業にとって合理的な選択となる．これが売上高最大化仮説の主張である．

5. 複占市場とゲーム理論

複占市場のゲーム分析

独占企業の分析は，与えられた需要分析および費用条件のもとでの利潤最大化行動分析である．独占的競争の分析も形式的にはほぼ同様な企業行動分析になっている．

ところが，寡占市場では，数社で市場が独占されているから，1 企業の行

第4章 不完全競争

動が市場動向を大きく左右する．寡占企業は相手企業の出方によってその行動戦略を変更すると考えられるためである．そこで，最近では，このような市場の状況を分析するためにゲーム理論が援用されるケースも多くなっている．

実際，ゲーム理論では，そのゲームに登場するプレイヤーの利得と，各プレイヤーの選択する戦略との関係が分析されることになっている．そして，さらに，その戦略と利得との関係を分析するなかで，合理的なゲームの結果（ゲーム均衡という）の性格が論じられるのであるから，その意味で，まさに不完全競争市場，とくに寡占市場とその均衡分析に威力を発揮することが期待されるのである．

いま，次のような，価格を競争の手段とする2企業からなる複占市場を考える．

(1) 各企業のとりうる価格水準は，第1企業にとっては P_{1H} および P_{1L} ($P_{1H} > P_{1L}$)，第2企業にとっては P_{2H} および P_{2L} ($P_{2H} > P_{2L}$) である（有限戦略（数）ゲーム）．

(2) 価格水準の選択は同時におこなわれる（同時手番ゲーム）．

(3) 各価格水準の組合せのもとでの利得は図表4.11に示されているものとする．なお，表中の数字は，左側が第1企業の利得である（利得行列）．

以上の(1)〜(3)についての情報は完全である．ここでいう完全性とは，どのような推論によっても，これらの情報に関する不確定要素が存在しないことである（完全情報）．

この複占ゲームにおいては，図表4.11の利得行列から明らかなように，どちらの企業にとっても，低価格戦略のほうが有利である．このように，相

図表4.11 複占ゲームの利得行列

		第2企業	
		P_{2H}	P_{2L}
第1企業	P_{1H}	5, 5	2, 8
	P_{1L}	8, 2	3, 3

手プレイヤーの戦略の選択が何であるかに左右されないで、期待利得最大化行動によって確定する自明な戦略が存在するとき、その戦略は支配戦略といわれる。したがって、この例では、第1企業の支配戦略は P_{1L}、第2企業の支配戦略は P_{2L} ということになる。

ゲームの均衡

この戦略にもとづいて決定されるゲームの結果は、どちらの企業も利得3を獲得するというものである。ゲーム分析に慣れない読者は、どうしてこのような低い利得に落ち着くのか不思議に思われるであろう。実際、利得5の実現は可能なように感じられよう。ところが、利得5を実現する状況は、ある意味で不安定なのである。そこでは、どちらの企業にとっても高価格が設定されていなければならないが、そのとき、一方の企業は低価格に移行して高利得8を得ようとするであろう（逸脱への誘因）。ところが、利得3というゲーム結果はそのような誘因をともなわないのである。

ゲーム理論では、逸脱が発生しえないゲーム戦略のことを均衡戦略という。また、とくに、それを提唱した学者の名をとって、ナッシュ均衡（Nash equilibrium）ということもある。また、ここでは同時手番を想定したが、どちらかの企業による価格戦略が先におこなわれるという場合もある。そのようなケースでは、先手企業は、後手企業の行動を予測しつつ自己の戦略決定をおこなわなければならない。具体的な分析は容易であるから、読者は第1企業先手のときにも、ゲーム結果が利得3をもたらすことを確認されたい。このようなゲーム戦略は、シュタッケルベルグ均衡（Stackelberg equilibrium）とよばれている。

なお、以上の分析結果は、完全情報の仮定がなければ成立しないことに注意する必要がある。少なくとも、たとえば、相手の利得水準をめぐる情報になんらかの不完全性（要するに不明な部分）があれば、その企業は、期待利得をめぐる推論を確定的には進められないからである。不完全情報ゲームの分析は複雑なものである。興味ある読者は章末の文献を参照していただきたい。

例題 4.6 ある標準形ゲームの利得行列が以下のようにあたえられている。ここで、A_1, A_2, A_3 はプレイヤー A の戦略であり、B_1, B_2, B_3 はプレイヤー

第4章 不完全競争

B の戦略である．このゲームのナッシュ均衡戦略を説明すること．また，支配戦略があるかどうか検討すること．

	B_1	B_2	B_3
A_1	(5, 8)	(2, 6)	(5, 8)
A_2	(8, 2)	(3, 5)	(7, 5)
A_3	(4, 8)	(2, 8)	(7, 8)

(**解説**) この3×3の標準形ゲームは支配戦略をもっている．プレイヤー A については戦略 A_2 が，プレイヤー B については B_3 が支配戦略になっている．支配戦略とは，そのプレイヤーにとって（他の戦略より）常により大きな利得をもたらす戦略のことであるが，A_2 を選択したときのプレイヤー A の利得 (8, 3, 7) は他の戦略をとったときの利得 (5, 2, 5) および (4, 2, 7) を，ベクトルの意味で上回っている．プレイヤー B にとっての戦略 B_3 も同様な性質をもっている．したがって，支配戦略均衡は (A_2, B_3) である．

一方，このゲームには3つのナッシュ均衡がある．それらは，(A_2, B_2)，(A_2, B_3) および (A_3, B_3) である．そのときの利得は，

ナッシュ均衡 (A_2, B_2) にたいする利得は (3, 5)

ナッシュ均衡 (A_2, B_3) にたいする利得は (7, 5)

ナッシュ均衡 (A_3, B_3) にたいする利得は (7, 8)

になっている．

たとえば (A_2, B_2) では，プレイヤー A は，プレイヤー B の戦略 B_2 にたいして逸脱（この場合 A_2 以外の戦略を選択することを意味する）して戦略 A_1 または A_3 に変更したとしても利得上昇はなく，利得は3から2に低下する．このため，プレイヤー A は戦略変更をおこなう誘引がない．同様にプレイヤー B も，プレイヤー A の戦略 A_2 にたいして逸脱（この場合 B_2 以外の戦略を選択することを意味する）して戦略 B_1 または B_3 に変更したとしても利得上昇はなく，利得は5のままか，あるいは2に低下する．このため，プレイヤー B は戦略変更をおこなう誘因がない．

すなわち，プレイヤー A にとっては，プレイヤー B の戦略が B_2 であるときの最適反応戦略は A_2 であり，プレイヤー B にとっては，プレイヤー A の戦略が A_2 であるときの最適反応戦略は B_2 である．これらは相互に最適

であり，(A_2, B_2) において利得の相互最大化が実現されている．したがってナッシュ均衡になっている．

他の2つのナッシュ均衡 (A_2, B_3) および (A_3, B_3) についても，同様な理由から，ナッシュ均衡であることが分かる．

問題 4.5 ある標準形ゲームの利得行列が以下のようにあたえられている．ここで，A_1, A_2, A_3 はプレイヤー A の戦略であり，B_1, B_2, B_3 はプレイヤー B の戦略である．このゲームのナッシュ均衡戦略を説明すること．また，支配戦略があるかどうか検討すること．

	B_1	B_2	B_3
A_1	(5, 2)	(2, 6)	(5, 8)
A_2	(8, 2)	(3, 4)	(7, 5)
A_3	(4, 8)	(2, 7)	(8, 7)

数量戦略複占ゲーム

複占市場の特徴は，すでに明らかにしたように，ゲーム的な企業戦略にあるといってよい．ここでは生産数量を戦略とするケースを考え，そのもとでのゲーム均衡について考察してみよう．そのさい，製品差別化はないものと仮定する．製品差別化が存在する場合，複占企業の市場戦略の主要なものは数量戦略ではなくむしろ価格戦略になるとみられるからである．

クールノー・ゲーム

いま，製品差別化のない複占市場において，2つの企業が生産量を唯一の市場戦略として利潤最大化行動をとっているものとする．また，市場の需要関数は所与であるとする．このような状況にあっては，互いの利潤は相反するものとなり，相手企業が生産量を増大させれば，もう一方の企業は相対的に生産量を縮小せざるをえないであろう．実際，そうでなければ供給過剰となり，価格低下および利潤の減少をまねくからである．

このような状況が図表 4.12 に示されている．そこで，$x_i (i=1, 2)$ は第 i 企業の生産量であり，$B_i(x_j)$, $(i \neq j)$, $(i, j = 1, 2)$ は第 j 企業の生産量 x_j にたいする，第 i 企業の利潤極大をもたらす生産量を表す．そのようなものを最

第 4 章　不完全競争

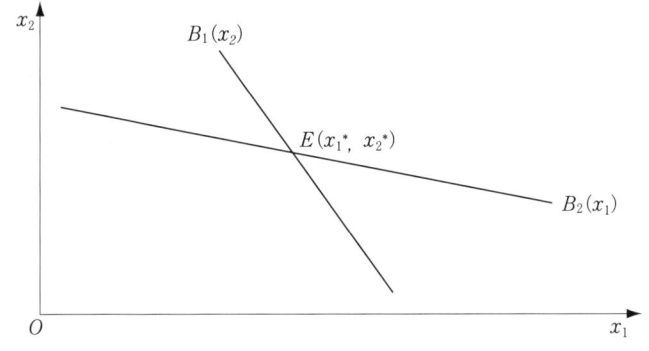

図表 4.12　クールノー複占ゲームの均衡

適反応戦略という．このとき，ゲーム均衡は $E(x_1^*, x_2^*)$ のみである．このような，同時手番の数量競争モデルをクールノー・ゲーム (Cournot's game) という．

例題 4.7　財 X の需要関数および同財の複占供給企業の費用関数が以下であるものとする．

$p=80-4(x_1+x_2)$ 　　　　　　　　　　　　　　（需要関数）
$C_1(x_1)=5x_1+10$ 　　　　　　　　　　　　　（第 1 企業の費用関数）
$C_2(x_2)=8x_2+5$ 　　　　　　　　　　　　　（第 2 企業の費用関数）

このとき，クールノー均衡生産量はいくらになるか説明すること．ただし，x_1 は第 1 企業の生産量であり，x_2 は第 2 企業の生産量である．

(解説)　第 1 企業の利潤関数 (Π_1) および第 2 企業の利潤関数 (Π_2) は，

$\Pi_1=(80-4(x_1+x_2))x_1-(5x_1+10)$
$\Pi_2=(80-4(x_1+x_2))x_2-(8x_2+5)$

であるから，各企業の利潤最大化条件（1 階の）は，

$$\frac{\partial \Pi_1}{\partial x_1}=(80-8x_1-4x_2)-5=0$$

$$\frac{\partial \Pi_2}{\partial x_2}=(80-4x_1-8x_2)-8=0$$

となる．すなわち，両企業による相互利潤最大化が実現されていれば，

$75=8x_1+4x_2$

$$72 = 4x_1 + 8x_2$$

が成立していなければならない．これから，クールノー・ナッシュ均衡生産量が以下のようにただひとつ確定する．

$$x_1 = \frac{13}{2}$$

$$x_2 = \frac{23}{4}$$

（注）　以上の微分条件は，利潤最大化の必要条件であって，これが実際に最大値をもたらすかどうか（十分性）は一般的には保障されない．ただ，利潤関数は，各企業について自企業生産量軸にたいして凹であるから，局所最大条件はそのまま全域最大条件になるので心配はいらない．

問題 4.6 財 X の需要関数 (D) および同財の複占供給企業の費用関数が以下に与えられている．

$p = 80 - 4(x_1 + x_2)$ 　　　　　　　　　　　　　　　　（需要関数）
$C_1(x_1) = 0$ 　　　　　　　　　　　　　　　　　　　（第 1 企業の費用関数）
$C_2(x_2) = 0$ 　　　　　　　　　　　　　　　　　　　（第 2 企業の費用関数）

このとき，クールノー均衡生産量はいくらになるか説明すること．ただし，x_1 は第 1 企業の生産量であり，x_2 は第 2 企業の生産量である．

シュタッケルベルグ・ゲームとの比較

クールノー・ゲームにおいて，仮に第 1 企業が先手で，先に生産数量を決定するものとしたら，事態はどのように変化するであろうか．このようなゲームをシュタッケルベルグ・ゲームという．

この場合，先に生産数量を決定してしまうことは，後手企業に選択の余地を与えるという意味で，不利な状況にあると理解されるかもしれない．ところが，それは誤解である．というのも，先手企業は，後手企業の反応を考慮要因に入れつつ戦略決定（生産数量決定）をおこなうから，事実上，後手企業は追い込まれる．すなわち，後手企業は不利な戦いを強いられるのである．

この状況を図示したのが図表 4.13 である．この場合，ゲーム結果は，後手である第 2 企業の最適反応曲線 $B_2(x_1)$ 上のどこかの点になることは当然

第4章 不完全競争

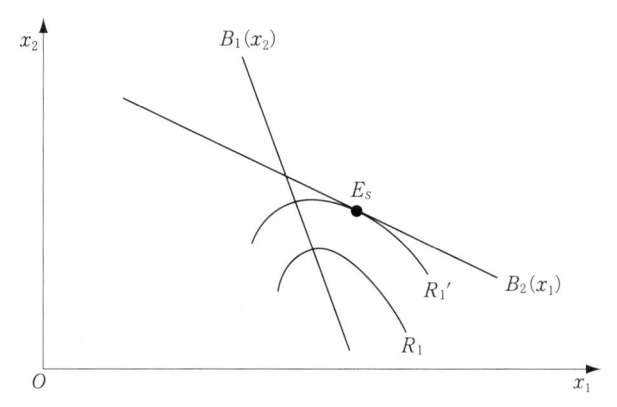

図表4.13 シュタッケルベルグ複占ゲームの均衡

である．したがって，先手である第1企業は，相手企業の反応曲線上の点のなかで，自企業利得を最大にするところの生産量を選択する．

そのようにして先手・第1企業に選択された点が，図中の E_s である．ここで，それぞれの生産の組 (x_1, x_2) において先手に同じ利潤をもたらす組の集合（グラフ）を先手の等利潤曲線と呼ぶ．図表4.13には2つの等利潤曲線が示されており，先手の利潤最大点は，後手の最適反応曲線とこの等利潤曲線が接する点である．

例題 4.8 財 X の需要関数 (D) が以下に与えられている．

$$p = 100 - 2(x_1 + x_2) \quad \text{（需要関数）}$$

また，両企業の生産費用は，

$$C_1(x_1) = 5x_1 \quad \text{（第1企業の費用関数）}$$
$$C_2(x_2) = 5x_2 \quad \text{（第2企業の費用関数）}$$

であるとする．このとき，第1企業を先手とするシュタッケルベルグ均衡生産量はいくらになるか説明すること．ただし，x_1 は第1企業の生産量であり，x_2 は第2企業の生産量である．

（解説） 先手第1企業の生産量にたいする後手第2企業の最適反応戦略は，第2企業の利潤関数，

$$\Pi_2 = (100 - 2(x_1 + x_2))x_2 - 5x_2$$

における最大化条件，

$$\frac{\partial \Pi_2}{\partial x_2} = (100 - 2x_1 - 4x_2) - 5 = 0$$

から，

$$x_2 = \frac{95 - 2x_1}{4}$$

となる．このことを先手第1企業は正しく予測するから，第1企業の利潤関数は，

$$\Pi_1 = \left(100 - 2\left(x_1 + \frac{95 - 2x_1}{4}\right)\right)x_1 - 5x_1$$

となり，結局，先手企業の利潤関数は自己の生産量のみの関数となる．

これより，先手第1企業にとっての利潤最大化条件，

$$\frac{\partial \Pi_1}{\partial x_1} = \frac{105}{2} - 2x_1 - 5 = 0$$

が得られて，最適生産量（シュタッケルベルグ均衡生産量における先手第1企業の生産量），

$$x_1 = \frac{95}{4}$$

が決定され，また，シュタッケルベルグ均衡生産量における後手第2企業の生産量，

$$x_2 = \frac{95}{8}$$

が決まる．あきらかに先手が有利になっている．価格は共通であるから，利潤も先手が後手の2倍になる．

問題 4.7 財 X の需要関数 (D) が以下に与えられている．

$\qquad p = 100 - 2(x_1 + x_2)$ （需要関数）

また，両企業の生産費用は，

$\qquad C_1(x_1) = 0$ （第1企業の費用関数）
$\qquad C_2(x_2) = 0$ （第2企業の費用関数）

であるとする．このとき，第1企業を先手とするシュタッケルベルグ均衡生産量はいくらになるか説明すること．ただし，x_1 は第1企業の生産量であ

り，x_2 は第2企業の生産量である．

価格戦略複占ゲーム

ここでは，逆に，複占企業の戦略が価格であるケースを考察する．また，製品差別化が存在するものとしよう．したがって，各複占企業にたいする需要は，自企業製品価格の減少関数になるとともに他企業製品価格の増加関数になるとみられる．ここでも前と同様に，完全情報を仮定する．

ベルトラン・ゲーム

価格が戦略になっているときの複占ゲーム均衡は，図表4.11のように，両方の企業がともに低価格を設定するときにかぎって実現されやすい．というのも，高価格は自企業製品にたいする需要減および相手企業製品にたいする需要増を意味するからである．このため，高価格はつねに値下げにたいする誘因をもち，実現可能性の低いものとなる．

ここで，複占ゲームがディレンマ・ゲームの特徴をもちやすいことに注意すべきである．すなわち，どちらの企業にとってもともに高価格を設定したときの利得水準が高いと分かっているのに，相手企業の値下げを警戒してそれを実行できない状況が発生しやすいのである．このような状況をディレンマ状況という．

価格カルテル

もちろん，低価格のもとでは，どちらの企業にとっても利得水準は低いままにおかれるであろう．したがって，仮に価格カルテルを結成しうる状況になれば，そして両企業による高価格がどちらの企業にたいしても高利潤をもたらすならば，カルテルはただちに実現されることになりやすい．複占市場では，価格カルテルの出現はきわめて当然の成り行きである．ただし，このカルテルにしても，一方の企業がそれから逸脱した場合に備えて，十分に厳しい罰則が用意されていなければならない．

問題 4.8 ある供給複占市場において，2つの企業（第1企業および第2企業）が，価格のみを戦略とする利潤最大化ゲームをおこなっている．両企業

の製品は代替的ではあるが多少の差別化がおこなわれていることから，以下のような需要関数をもっている．

$$x_1 = 30 - 2p_1 + p_2$$
$$x_2 = 30 - 2p_2 + p_1$$

このとき，最適価格戦略（同時手番ゲームのナッシュ均衡での価格水準）を説明すること．ただし，生産費用は両企業とも0（ゼロ）であるとする．ここでx_1は第1企業にたいする需要量，x_2は第2企業にたいする需要量，p_1は第1企業の製品価格，p_2は第2企業の製品価格である．

6．線形複占ゲームのモデル分析

製品差別のないクールノー・ゲーム

2つの企業によって同質的な財が生産されている，同時手番の数量戦略ゲームを考える．簡単化のために生産費用は0とする．この財にたいする逆需要関数が，

$$p = 60 - q$$

とあたえられているとすると，第i企業（$i=1,2$）の利潤関数（$i=1,2$）は，

$$\Pi_1 = (60 - q_1 - q_2)q_1$$
$$\Pi_2 = (60 - q_1 - q_2)q_2$$

であり，第n企業の利潤極大条件（最適反応関数$B_1(q_2)$）および$B_2(q_1)$は，

$$q_1 = 30 - \frac{q_2}{2}$$

$$q_2 = 30 - \frac{q_1}{2}$$

となる．クールノー・ナッシュ均衡戦略は，

$$q_1 = 20$$
$$q_2 = 20$$

であり，均衡価格は，

$$p_1 = p_2 = 20$$

第4章 不完全競争

になる．

製品差別のあるクールノー・ゲーム

前項と同様なゲームモデルである．ここでは第 i 企業 ($i=1, 2$) の財にたいする需要関数を，

$$q_1 = 30 - 2p_1 + p_2$$
$$q_2 = 30 - 2p_2 + p_1$$

とする．各企業の生産する財の価格 p_i ($i=1, 2$) にかかる係数の大小によって，2つの財の差別化の程度を表現する．

両企業にたいする逆需要関数は，

$$p_1 = 30 - \frac{2}{3}q_1 - \frac{1}{3}q_2$$

$$p_2 = 30 - \frac{2}{3}q_2 - \frac{1}{3}q_1$$

となるから，第 i 企業の利得 $\Pi_i = p_i q_i$ ($i=1, 2$) 最大化条件から，最適反応関数 $B_1(q_2)$ および $B_2(q_1)$ は，

$$q_1 = \frac{90}{4} - \frac{q_2}{4}$$

$$q_2 = \frac{90}{4} - \frac{q_1}{4}$$

であり，クールノー・ナッシュ均衡戦略は，

$$q_1 = 18$$
$$q_2 = 18$$

である．均衡価格は，

$$p_1 = p_2 = 12$$

になる．

製品差別のないシュタッケルベルグ・ゲーム

クールノー・ゲームとちがって，第1企業が先に生産数量を決定し，その決定を確認したうえで第2企業が生産数量を選択する（先手・後手ゲーム）．

両企業の生産する財にたいする逆需要関数を,

$$p = 60 - q$$

とすると, 生産コスト 0 の仮定のもとでは, 両企業の利潤 Π_i $(i=1,2)$ は,

$$\Pi_1 = (60 - q_1 - q_2) q_1$$
$$\Pi_2 = (60 - q_1 - q_2) q_2$$

となるから, 第 2 企業の利潤極大条件は,

$$\frac{\partial \Pi_2}{\partial q_2} = 60 - q_1 - 2q_2 = 0$$

となる. したがって,

$$q_2 = 30 - \frac{q_1}{2}$$

が, 後手・第 2 企業の最適反応関数 $B_2(q_1)$ となる.

先手・第 1 企業は, このことを考慮して, 利潤:

$$\Pi_1 = \left(60 - q_1 - \left(30 - \frac{q_1}{2}\right)\right) q_1$$

を極大化するから,

$$q_1 = 30$$

が選択される. 後手・第 2 企業の生産数量は, $q_2 = 15$, 価格は, $p = 15$ となる.

同時手番のケースでは, 両企業の均衡生産数量が同一であったのにたいして, シュタッケルベルグ・ゲームにおいては, 先手・第 1 企業の生産数量が大きくなっている. 先手の有利性が確認される. ただし, 両企業による生産量の合計は, シュタッケルベルグ・ゲームのほうが大きくなっており, 価格の低落が認められる. 利潤合計についても, シュタッケルベルグ・ゲームのほうが小さくなる.

製品差別のあるシュタッケルベルグ・ゲーム

製品差別のある場合, 同時手番のクールノー・ゲームにおいては, 相手企業の価格設定から影響をうける結果, 製品差別のないケースにくらべ均衡生産量水準に減少傾向がみられた. このような影響は, 先手・後手ゲームにお

いてどのようにあらわれるであろうか．予想されることは，先手企業の有利性の縮小である．ここでは，そのことを確認する．

第 i 企業 ($i=1,2$) にたいする需要関数を，

$$q_1 = 30 - 2p_1 + p_2$$
$$q_2 = 30 - 2p_2 + p_1$$

とすると，第 i 企業 ($i=1,2$) の利得 Π_i ($i=1,2$) は，

$$\Pi_1 = \left(30 - \frac{2q_1}{3} - \frac{q_2}{3}\right)q_1$$

$$\Pi_2 = \left(30 - \frac{2q_2}{3} - \frac{q_1}{3}\right)q_2$$

となる．後手・第2企業の最適反応は，

$$q_2 = -\frac{q_1}{4} + \frac{45}{2}$$

であり，これにたいする先手・第1企業の利得関数：

$$\Pi_1 = \left(30 - \frac{2q_1}{3} - \frac{-\frac{q_1}{4} + \frac{45}{2}}{3}\right)q_1$$

より，先手・第1企業の利潤最大化をもたらす生産数量が決定される．

均衡生産量および均衡価格は，

$$p_1 = \frac{315}{28}$$

$$p_2 = \frac{330}{28}$$

$$q_1 = \frac{540}{28}$$

$$q_2 = \frac{495}{28}$$

となる．先手の有利性は大幅に縮小しており，生産量水準でも先手・後手の差はほとんどなくなっている．ただ，両企業の製品価格には開きがでている．後手・第2企業の設定する価格が高くなっている．

章 末 問 題

問題 1 財 X の価格を p とするとき，財 X の需要関数 (D) と同財の独占供給企業の費用関数 (C) が以下に与えられている．ここで，x は X 財の数量である．

$$p = 60 - 2x \qquad (D)$$
$$C(x) = 0 \qquad (C)$$

完全競争均衡と比べて社会的余剰減少はいくらになるか．この場合，完全競争均衡で価格 0 になるが，そのまま計算してよい．

問題 2 財 X を第 1 地域および第 2 地域に独占供給している企業の費用関数 (C) が，

$$C(x_1 + x_2) = 10(x_1 + x_2)$$

であり，各地域の需要関数が，

$$p_1 = 90 - 2x_1 \qquad \text{(第 1 地域の需要関数)}$$
$$p_2 = 50 - x_2 \qquad \text{(第 2 地域の需要関数)}$$

であるとき，この独占企業の（各地域での）生産数量および価格を説明すること．ただし，p_1 は第 1 地域の需要価格，x_1 は第 1 地域の需要量であり，p_2 は第 2 地域の需要価格，x_2 は第 2 地域の需要量である．

参 考 文 献

細江守紀・大住圭介編著『ミクロ・エコノミックス』有斐閣，1995 年．
西村和雄『ミクロ経済学入門』岩波書店，1995 年．
村田省三『ミクロ経済のゲーム』九州大学出版会，1995 年．
Varian, R., *Microeconomic Analysis*, Norton & Company, 1984.

第5章　市場の失敗

　これまでみてきたように，消費者と生産者によって別々に決定された需要量と供給量は市場機構を通じて調整され，需要と供給が一致する完全競争均衡へと導かれた．この完全競争均衡においてはパレート最適や社会的余剰の最大化の条件がみたされているという点でそれは社会的に望ましい状態であった．本章ではこのような社会的に望ましい資源配分が阻害される原因について分析する．

1．市場の失敗とその原因

　市場の失敗とは，市場機構を通じてパレート最適や社会的余剰の最大化等の社会的に望ましい状態が実現できない状況をいう．完全競争の状態にあっても次の2つの条件がみたされなければ，完全競争均衡は成立せず市場の失敗は生じる．

(1) 消費者および企業の行動は他の経済主体の行動の影響を受けない．
(2) 限界費用が逓増している段階で利潤は最大になる．

　(1)の条件は外部効果は存在しないことすなわち消費者および企業の行動は自律的であって外部の影響はないということを意味している．消費者については，例えば隣人が新車を買ったから自分も買うというように彼の嗜好が他の人の行動に影響されることはないということ，また生産者については，例えば近くの他の企業の工場の大気汚染や騒音等が生産への影響を与えることはないことを意味している．(2)の条件は，限界費用がある範囲で減少し

たとしても，結局は利潤を最大にする生産量においては限界費用が逓増している状態になっていることを意味している．第2章で述べたように通常よく見られるのは限界費用曲線と平均費用曲線がU字形をしているケースで，それはある生産量までは生産効率が上昇し，それが限界費用および平均費用の逓減をもたらしそれ以後は逆に生産効率が減少し限界費用および平均費用が逓増することを表している．しかし後に述べるようにそれとは異なって，最初から限界費用および平均費用が広い範囲で逓減し続け，限界費用および平均費用が非常に緩やかなU字形を示す費用逓減産業も現実に少なからず見受けられる．このような産業においては(2)の条件はみたされず市場の失敗が生じる．

完全競争であっても2つの条件がみたされないケースとしては上で述べたような(a)費用が逓減する場合，(b)外部効果が存在する場合のほかに，(c)公共財が存在する場合がある．また市場の失敗は完全競争であっても上の2つの条件がみたされない場合以外に，不完全競争市場の1つである独占やあるいは寡占においても発生する．独占や寡占では企業が価格に対して多かれ少なかれ影響力をもち，完全競争市場におけるような価格調整メカニズムは十分機能せず，一般に社会的に望ましい資源配分はもたらされないからである．

以下では，上で述べた2つの条件をみたさない3つのケースと独占のケースをとりあげ，市場の失敗がどのように生じるか，それに対して政府はどのような役割を果たすかを考えてみよう．

2．費用逓減と市場の失敗

平均費用逓減産業（1）

大規模な生産設備を要する産業，例えば鉄鋼，石油化学，自動車，造船等の産業の固定費用は非常に大きい．しかし生産量が増加するにつれて極めて広い範囲で規模の経済が働いて生産の効率が上がり，総費用は上昇するもののその上がり方は非常に緩やかであり，生産物1単位当りの費用つまり平均

費用は逓減していく．これは1単位当りの可変費用（平均可変費用）が逓減し，その分1単位当りの固定費用を減らしていくからである（図表5.1および図表5.2参照）．この場合は価格（＝限界収入）と限界費用が一致する生産量が利潤最大をもたらす生産量ではない．なぜなら第2章でみたように，限界費用が逓減している限り価格と限界費用の差だけ生産物1単位当りの利潤が増えていくからである．

このような費用逓減産業においては利潤の最大化の生産量が決まらないだ

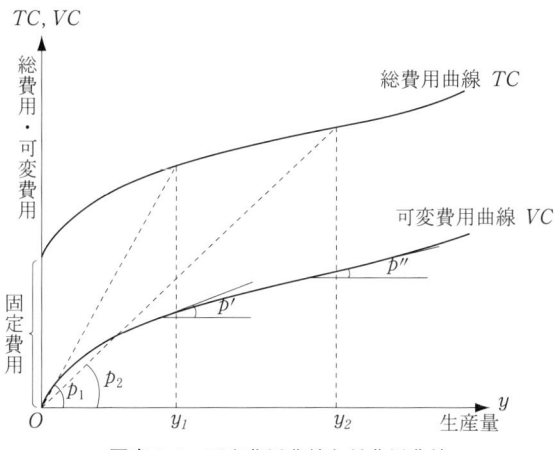

図表 5.1 可変費用曲線と総費用曲線

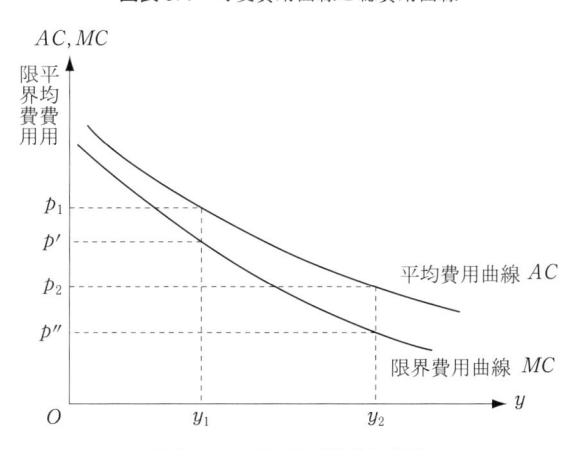

図表 5.2 逓減的平均費用曲線

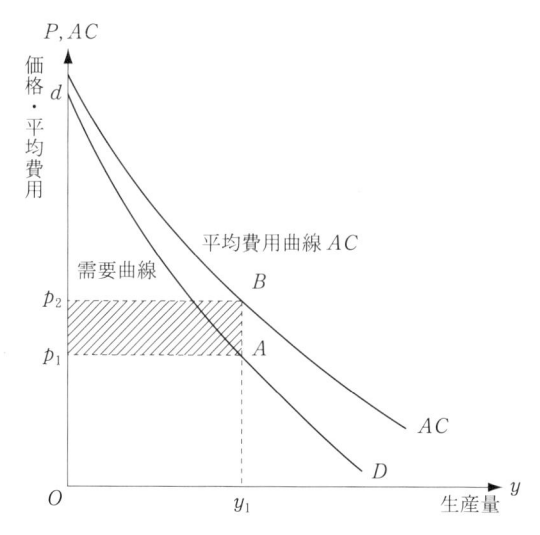

図表5.3 需要曲線と平均費用曲線

けでなく，社会厚生的な観点からも過小生産の状況が生まれることがある．このことの容易な理解のために図表5.3のような極端な場合を考えてみよう．図表5.3では平均費用曲線 AC に対して，需要曲線 dD がその下側に描かれている．いま需要量が y_1 であるとしよう．そのときの消費者の限界評価すなわち消費者が払ってもよいと思う価格は p_1 であるが，一方生産費の方は1単位当り p_2 かかる．このとき総収入は Oy_1Ap_1 の面積でまた総費用は Oy_1Bp_2 の面積で表されるから，p_1ABp_2 の面積の分だけ赤字となり，この産業においては生産は行われないかもしれない．もし生産が行われないとしたら社会厚生上の得失はどうなるであろうか．消費者が受ける消費者余剰は dp_1A であり，生産者が被る損失は p_1ABp_2 であるから，社会的余剰は $dp_2B - p_1ABp_2$ となり，明らかにプラスである．したがってこの場合は生産が行われる方が社会的に望ましいといえる．

平均費用逓減産業（2）

次にもう少し一般的なケースである平均費用曲線が極めて緩やかな形状をしている場合でも市場の失敗が生じることをみてみよう．このことを簡明に

みるために以下ではこの産業の代表的な企業をとりあげることにする．いまこの企業は大きな固定資本をかかえ，大きな固定費用に対して図表5.4のように限界費用が非常に緩やかに上昇していくかあるいは減少していくとしよう．曲線 MC は限界費用曲線であり，規模の経済が働いて限界費用が広い範囲で減少あるいは極めて緩やかに増加していることを表している．限界費用が減少しているかあるいは増加していても緩やかであれば，固定費用が大きいほど平均費用は減少あるいは緩やかに増加する．このとき平均費用曲線は図表5.4の曲線 AC のように描かれるであろう．曲線 dD は需要曲線である．ここでの需要曲線の見方は第1章でみたように，消費者のその財に対する限界評価を表しているとみることにしよう．すなわちある需要量に対してもう1単位需要量を増加したときのその1単位の価値を表すとみるのである．例えば図表5.4において需要量 y' に加えて1単位追加したときその追加の1単位に対して消費者はいくら払ってもよいかあるいは最高いくらまで払うことができるかという評価額を表しているとみることができる．その追加の1単位を極めて小さくとることによって滑らかな曲線が描けるのである．このようにみていけば需要曲線の高さは消費者にとってその需要量における1単位の価値となる．例えば需要量が y' のときの消費者にとっての1単位の価値は p' である．そしてこの p' は需要量が y' のときの1単位の財の価格で

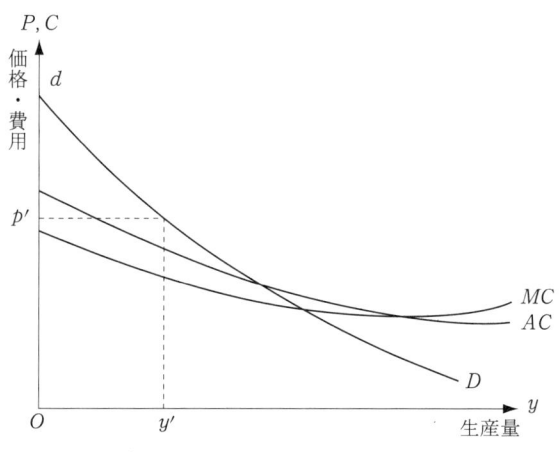

図表5.4　緩やかな限界費用と平均費用

あるから，消費者の限界評価は価格そのものであることに注意しよう．

限界費用価格形成原理

次にこのような状況で社会的に望ましい供給量はどこになるかを求めてみよう．結論からいうとそれは図表5.5におけるように需要曲線 dD と限界費用曲線 MC 交点 E に対応する供給量（需要量）y^* になる．なぜなら供給量 y^* において消費者のその財に対する限界評価と生産者の限界費用が一致しており，社会的余剰（＝消費者余剰＋生産者余剰）が最大になるからである．これは次のように理解することができる．もし消費者の限界評価と生産者の限界費用が一致しなければ，例えば限界評価の方が限界費用よりも高（低）ければ，供給量を増やす（減らす）ことによって1単位当りの限界評価と限界費用の差の分だけ社会的余剰が増える．これは図表5.5においても明らかである．供給量 y^* に対する消費者余剰は $Oy^*Ed - Oy^*Ep^* = p^*Ed$ であり，生産者余剰は Oy^*Ep^* と Oy^*Em の面積の差であり p^*Em の分だけマイナスである．したがって社会的余剰は mEd となる．供給量が y^* でない場合，例えば y' においては消費者余剰は $p''E''d$ であり，生産者余剰は $Oy'E''p'' - Oy'E'm = mE'E''p''$ であるから，社会的余剰は $mE'E''d$ となる．これは y^*

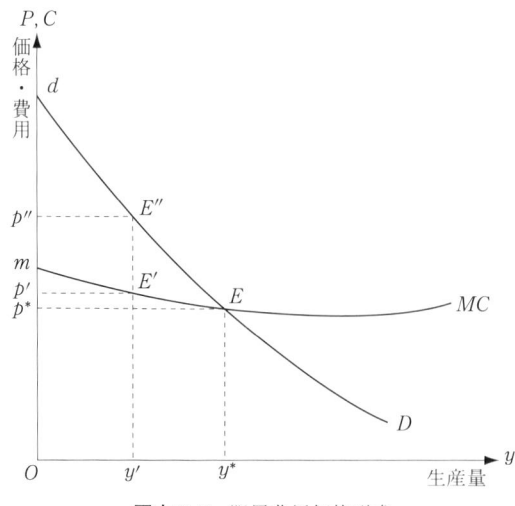

図表5.5 限界費用価格形成

の場合より $E'EE''$ だけ少ない．

　以上から費用逓減産業においては社会的余剰が最大になるように財が供給されるためには，限界評価（価格）と限界費用が一致していなければならない．このように価格と限界費用が一致するところで供給が決定されることを限界費用価格形成原理という．しかし限界費用価格形成原理が生産者にとっては必ずしも好ましいとはいえない．それは固定費用の大きさによって採算がとれない場合があるからである．例えば固定費用が大きいために平均費用曲線が図表5.6の AC_1 曲線のように表されるとしよう．このとき生産量 y^* に対する1単位当りの費用は a であるから，総費用は面積 Oy^*Aa となる．一方総収入は Oy^*Ep^* であるから，p^*EAa の面積の分の損失が生じる．この場合でも社会的余剰は $daF-FEA$ となり，これがプラスである限りこの財が生産されるほうが望ましい．だからといって利潤を追求する私的企業が採算を無視して生産を続けるはずがない．企業は単に利潤が正であるというだけで生産を続けるのではなく，長期的には社会的平均的利潤をも得られなければその産業から退出すると考えられる．生産を停止したりその産業から退出したりする企業が増えると，産業全体の供給量が減っていくであろう．

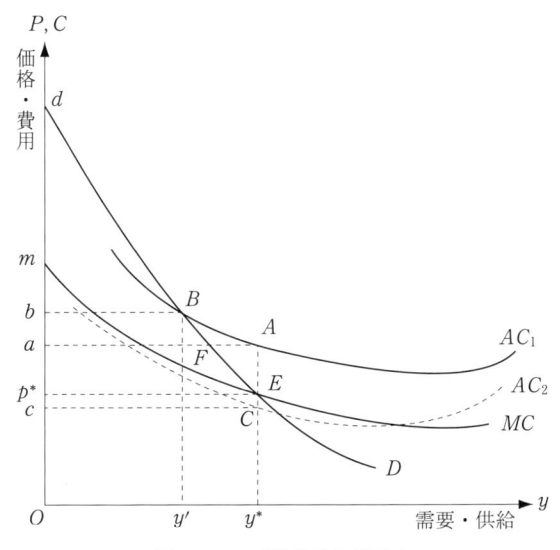

図表5.6　平均費用と補助金

そしてその産業からの退出は採算が合う状態になるまで止まらないであろう．この状態は図表5.6では需要曲線dDと平均費用曲線AC_1の交点Bで示すことができる．Bにおいては価格と平均費用が一致しているので，企業は採算がとれ生産を続けることができる．しかし上でみたようにB点に対応する生産量y'は社会的余剰が最大になる生産量ではない．この意味で生産量y'は過小生産になっている．社会的厚生の観点からこのような過小生産の事態を招かないようにするためにはどのような方策が考えられるであろうか．

採算がとれない状態が生ずるかどうかは固定費用の大きさに依存する．固定費用が小さい場合は平均費用も小さくなり，平均費用曲線は図表5.6のAC_2曲線のように描くことができる．この場合は1単位当りの価格p^*が平均費用cより高く，$cCEp^*$の面積分の利潤が生じるので，企業は十分生産を続けることができる．したがって社会厚生的には企業の固定費用をカバーし，少なくともp^*EAaの面積の分の損失を埋め合わせることが必要になる．人口が希薄な地域におけるバスや鉄道等の交通に対する政府の補助はこの例の1つとしてあげられるであろう．また水道，電気，電話等のように基本料金を設定して固定費用をカバーし，需要量に応じて使用料をとるという方法も考えられるであろう．

例題5.1 いま費用逓減産業が直面する需要曲線を

$$p=-y+20 \quad (p：価格，y：需要量・供給量) \tag{1}$$

とする．また，限界費用曲線MCと平均費用曲線ACをそれぞれ

$$MC=-\frac{1}{4}y+12 \tag{2}$$

$$AC=-\frac{1}{3}y+15 \tag{3}$$

とするとき，この産業を維持していくためには，政府はどれくらい補助金を出さなければならないか．

(解説) この費用逓減産業の限界費用価格形成原理による供給量yは，需要曲線と限界費用曲線が交わる点であるから，(1)と(2)を等しくおいて$y=12$が得られる．$y=12$における平均費用は(3)より$AC=11$となる．よって，この産業は図の斜線部分の面積の赤字を出すので，この産業を維持して

第 5 章 市場の失敗 *141*

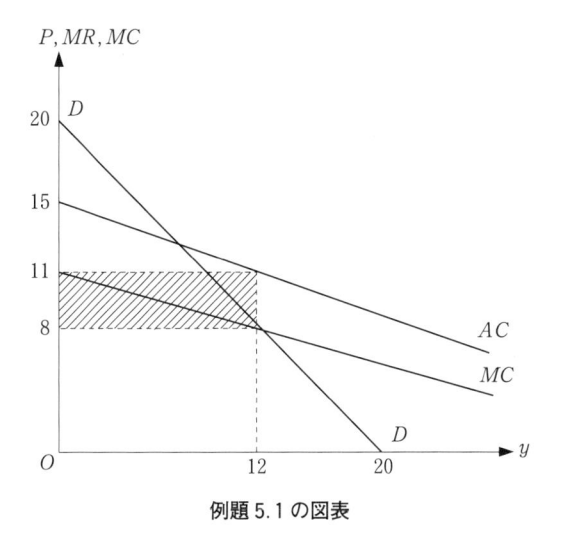

例題 5.1 の図表

いくためには，政府はそれを補助金で補塡してやらなければならない．その額は
$$12\times(11-8)=36$$
となる．

問題 5.1 いま費用逓減産業が直面する需要曲線を
$$p=-2y+48 \qquad (p：価格，y：需要量・供給量) \tag{1}$$
とし，総費用曲線 TC を
$$TC=-\frac{1}{4}y^2+24y$$
とする．このときこの産業を維持していくためには，政府はどれくらい補助金を出さなければならないか．

3．独占と市場の失敗

前項でみたような費用逓減産業において多数の企業が競合している状態は稀で，少数あるいは 1 つの企業が存在しているケースの方が多くみられる．その理由は次のように考えられる．特に費用逓減の著しい産業では，生産規

模が大きいほど有利であり，競争力を失った小規模な企業は淘汰され，やがて市場はごく少数の企業によって占められるようになる．そしてこのような状態への新規参入は参入者にとって新たな高度な技術，多額の資本や高水準の労働を要するとともに，既存企業の参入阻止行動も考えられ，実際上新規参入は困難である．こうして費用逓減の場合には完全競争の条件はみたされなくなり，独占や寡占等の不完全競争の状態になる．

　独占あるいは寡占の状態が確立すると，資源配分は社会厚生的に非効率なものになる．このことを独占のケースについてみてみよう．第4章でみたように，需要曲線が与えられたとき，独占企業の利潤を最大にする価格と生産量の組すなわち独占均衡点は，限界収入と限界費用が一致するような生産量とそれをもたらす価格の組である．図表5.7においては限界収入曲線 MR と限界費用曲線 MC が交わっている点 E が独占均衡点である．したがって独占企業は y_1 だけの生産を行えばよく，そのために価格を p_1 に設定すればよい．このときの消費者余剰と生産者余剰の和である社会的余剰は RED_1d の面積に等しい．これは価格 p_2 が限界費用に一致するときの生産量 y_2 によってもたらされる社会的余剰 RD_2d よりも ED_2D_1 だけ小さい．このように独

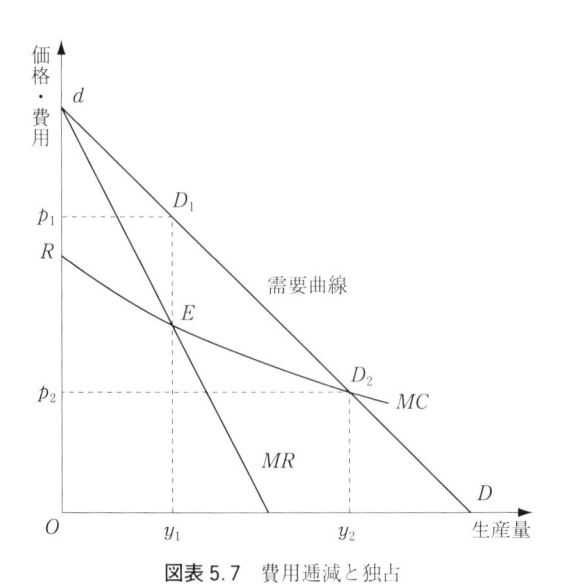

図表5.7　費用逓減と独占

占企業の利潤を最大にする生産量は資源配分上社会的に望ましいものではない．したがってこの場合も市場の失敗が生じる．

例題 5.2 独占企業が直面する需要曲線を

$$p = -y + 18 \quad (p：価格，y：需要量・供給量) \tag{1}$$

とする．また，独占企業の限界費用曲線を

$$MC = -\frac{1}{2}y + 12 \tag{2}$$

とするとき，独占均衡点における社会的余剰は限界費用価格形成原理による社会的余剰に比べていくら小さくなるか．

（解説） 独占均衡点は限界収入と限界費用が一致するところである．独占企業の収入 R は

$$R = py = (-y + 18)y = -y^2 + 18y$$

であるから，限界収入 MR は

$$MR = \frac{dR}{dy} = -2y + 18$$

となる．よって，図のように $MR = MC$ となる y は $y = 4$ となり，独占均衡

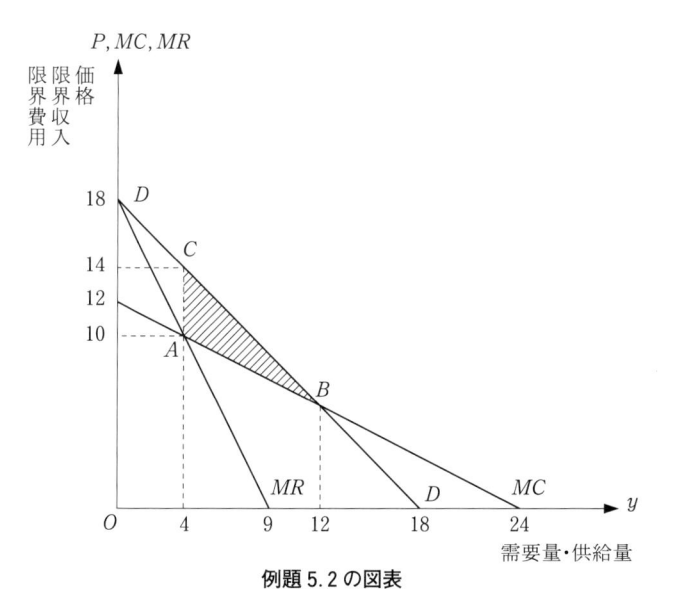

例題 5.2 の図表

点は $B=(4, 14)$ である．

　一方，限界費用価格形成原理における供給量 y は，需要曲線と限界費用曲線が交わる点であるから，(1) と (2) の式を等しくおいて y をもとめると $y=12$ となる．

　したがって，図において独占均衡点における社会的余剰は限界費用価格形成原理による社会的余剰より ACB の面積だけ小さくなる．ACB の面積は

$$(14-10) \times (12-4) \div 2 = 16$$

となる．

問題 5.2　独占企業が直面する需要曲線を

$$p = -2y + 36 \quad (p：価格, y：需要量・供給量)$$

とする．また，独占企業の総費用曲線を

$$TC = -\frac{1}{2}y^2 + 24y$$

とするとき，独占均衡点における社会的余剰は限界費用価格形成原理による社会的余剰に比べていくら小さくなるか．

4．外部効果と市場の失敗

外部効果

　第1節の (1)（133ページ）がみたされない例として外部効果が存在する場合があるが，外部効果の影響はそれを受ける経済主体にとって経済的にプラスの効果を及ぼすものとマイナスの効果を及ぼすものがある．前者を外部経済といい，後者を外部不経済という．

　外部効果が存在すると，多くの場合競争均衡における資源配分がパレート最適にはならない．まず消費者の外部効果の例を考えてみよう．第1章でみたように消費者の嗜好に基づく効用は自らの消費量だけで決定されるとした．しかし他の消費者の行動に影響される場合もしばしばみうけられる．例えば自分の立場を誇示するために宝石や高級車，ミンクのコートなどの消費財が高価であるがゆえに消費されたり，またそれが他の人のねたみや競争意識を

第5章 市場の失敗

おこさせ,消費の高級化や浪費へと導くこともそのよい例であろう.このように他の人の消費によって効用の決定に影響を受けると,第1章で考えた無差別曲線の性質の1つである凸性が成り立たなくなるから,競争均衡が存在したとしても,資源配分がパレート最適にならない.

次に生産における外部効果を考えるために,外部不経済をもたらすケースとして水産加工業と魚の養殖業の関係を例にとろう.いま水産加工の工場が養魚場の近くにあって,水産加工の工場の排水は養魚に悪い影響を与えるとしよう.この排水による被害を受けないためには,工場排水による汚れた水を浄化するための装置を設置したり,あるいは養魚場を別のところに移さなければならない.これはこの養魚を営む企業に新たな費用を要求する.この費用の転嫁が市場で評価されなければ,それは外部不経済をもたらす水産加工企業の生産物の価値の低下として現れない.したがって競争均衡においては,この企業の生産物は社会的に望ましい水準を超えて生産されることになり,市場の失敗が生じる.これについては次のように需要曲線と供給曲線を用いて分析することができる.

外部効果による私的限界費用と社会的限界費用の乖離

まず水産加工品の業界には企業がただ1つしかない単純な場合から考えてみよう.いま,この水産加工企業の生産量が増えるごとに悪臭や汚水の放出量も増え,それらによる被害はますます広がり,他の養殖業,周辺の漁業,周辺の住民への精神的肉体的被害等の社会が受ける被害もますます大きくなるとしよう.この社会が被る被害は本来は水産加工企業の費用として計上され社会に償われるべきであるが,そうでない場合は社会が肩代わりしてその費用を払っていることになる.これを外部不経済費用と呼ぶことにしよう.こうして汚染の広がりによってこの企業の生産量が1単位増えるごとに新たに要する外部不経済費用すなわち外部不経済限界費用は生産量が増えるごとに大きくなっていく.この状況は図表5.8のように右上がりの外部不経済限界費用曲線 C として描くことができる.したがってこの企業の生産量が1単位増えるごとに新たに増える費用はこの企業の私的限界費用だけでなく,外部不経済限界費用を加えた社会的限界費用として計算される.そして社会

146

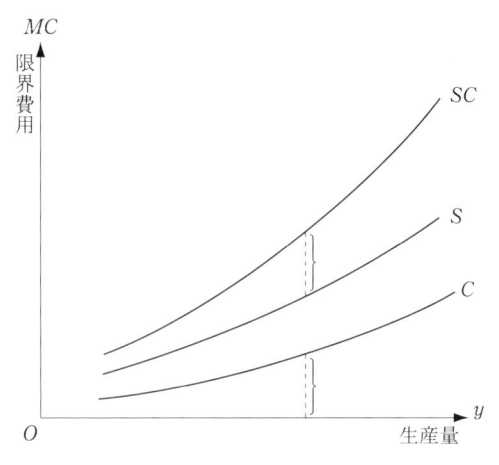

図表 5.8 社会的限界費用曲線

的限界費用曲線は私的限界費用曲線 S と社会的限界費用曲線 C を合わせたものとして図表5.8の SC のようになる.

　もしこの企業が社会にもたらす費用を払わず私的費用だけしか払わないとすれば，この企業が生産する財の均衡量は図表5.9のように私的限界費用曲線 S と需要曲線 D の交点 E' に対応する y' となる．しかしその財の生産に要する費用には本来は外部不経済費用も加えるべきであり，社会的限界費用として表されるべきであろう．このときの社会的限界費用は Fy' となり，限界評価 $E'y'$ を上回るので，社会的余剰の最大化は達成されない．その場合社会的に望ましい生産量は社会的限界費用曲線（社会的供給曲線）と需要曲線の交点 E'' に対応する y'' でなければならない．こうして外部不経済が存在すれば，$y'-y''$ だけの生産過大になっていることになる.

　上述のことは企業が多数存在する場合もあてはまる．第2章でみたように各企業の供給曲線は限界費用曲線によって表され，また市場供給曲線は各企業の供給曲線を合わせたものになっている．したがって市場供給曲線は各企業の限界費用曲線をあわせたものすなわち合計の私的限界費用曲線（以下，産業の限界費用曲線と呼ぶことにする）とみなすことができる．それを新たに図表5.9の S と考えることにしよう．同様にして各企業がもたらす外部不経済限界費用を合計して社会的外部不経済限界費用として表すことができる．

第 5 章 市場の失敗　　147

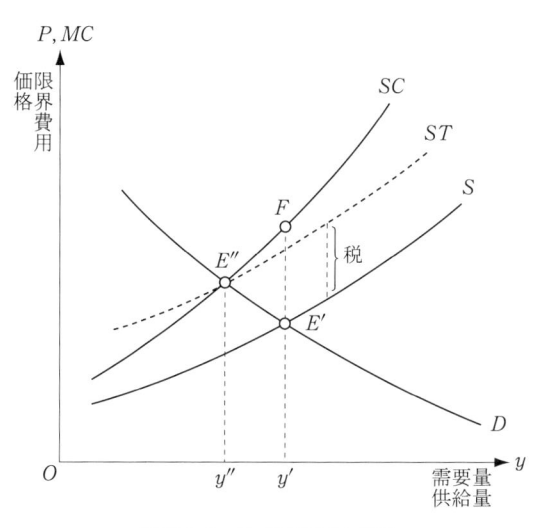

図表 5.9 外部不経済と課税

それを新たに図表 5.9 の SC としよう．また需要曲線 D は産業全体の需要曲線つまり市場需要曲線とみれば，図表 5.9 は企業が多数存在する場合の産業全体の状況を表しているとみることもできる．このように 1 企業の場合と同様に外部不経済がある場合には市場の失敗が生じること，またその財が過大生産されていることがいえる．

　図表 5.9 の E'' 点を実現するために政府の役割として，外部不経済を発生させる企業や産業に対しては課税によって企業や産業の限界費用曲線を上方にシフトさせることが考えられる．図表 5.9 の点線の曲線 ST はこの財に課税されたときの産業の限界費用曲線を示している．このように外部効果によって私的限界費用と社会的限界費用の乖離が生じ，社会厚生上好ましくない資源配分を修正するために実施される税をピグー税という．これは社会的に望ましい点 E'' を実現するための政府がとれる 1 つの政策と考えることができる．

例題 5.3　図表 a のように，生産量 1 単位当り FG の技術的外部経済をもたらす産業の私的限界費用曲線 PMC および，この産業に対する需要曲線 D が示されているとする．いまこの産業に生産量 1 単位当り FG の補助金を与

148

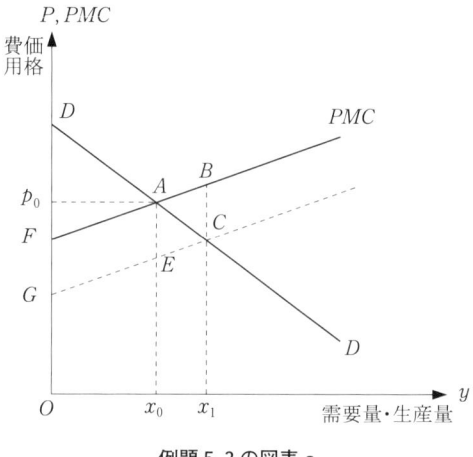

例題5.3の図表 a

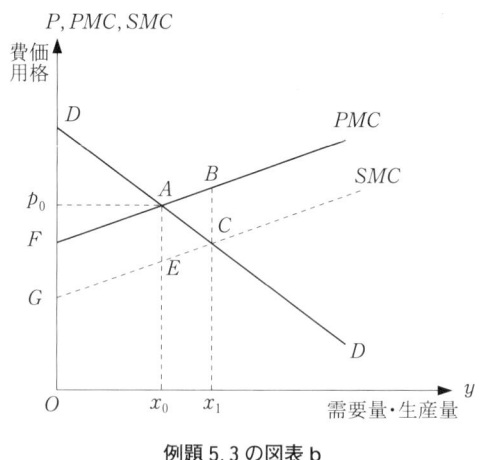

例題5.3の図表 b

え，その補助金は一括固定税でまかなわれるとすると，補助金を与えた後における社会的厚生は補助金を与える前と比較してどのように変化するか．

ただし，図表 a において $AE=BC=FG$ が成立しているとする．

(国家II種試験問題)

(解説) 総余剰は，需要曲線と社会的限界費用曲線 (SMC) を用いて求めることができる．ただし，補助金がある場合はその分だけ私的限界費用を小

さくするので，社会的限界費用曲線は私的限界費用曲線を補助金分だけ下にシフトしたものになり，図表bのようになる．図表bでは，補助金を与える前の総余剰は FAD の面積であり，補助金を与えた後の総余剰は GCD の面積である．したがって，その差 $GCAF$ の面積だけ増加する．

問題5.3 2つの完全競争市場を想定しよう．X 財市場で供給する企業の総費用関数は，X 財の量 x に対して

$$C_x = 2x^2$$

と表され，市場均衡価格は $p_x = 40$ である．他方 Y 財市場の企業の総費用関数は，Y 財の量 y に対して

$$C_y = 3y^2 + x$$

で表され，市場均衡価格は $p_y = 60$ である．X 財企業は Y 財企業にいくら損害を与えているか．

5．公共財と市場の失敗

公 共 財

これまで考察の対象としてきた財は私的財で，それは市場の取引を介して経済主体に供給され，個々の経済主体はその対価を支払うことによって自由にその量を選ぶことができた．しかし市場が存在しない財も存在する．このような財は総称して公共財といわれ，主として政府や地方公共団体などの公共的機関から供給される．公共財にはこのほか私的財と異なった2つの特性がある．第1は非排除性といわれ，ある特定の消費者をその財の消費から排除することが不可能であるか，または可能であってもそのため多大の費用を要するという性質である．例えば一般行政サービス，司法，警察，消防などはこのような性質をもっている．第2は，非競合性といわれる性質で，1人の消費者がその財をいくら消費しても他の消費者の消費を妨げたり，消費可能量を減らしたりすることはないというものである．この例としてテレビ放送，灯台，天気予報があげられる．これら2つの性質を完全にみたしている財は純粋公共財といわれ，すべての社会の構成員が等量の消費を行うことが

できるという特徴をもっている．また公園や道路のようにあまり多くの人が利用すると混雑が生じるという意味で弱い排除性をもつ準公共財も存在する．

純粋公共財であれ準公共財であれ，程度の差はあっても非排除性と非競合性をもつ財は，多数の人々に同量の外部効果を同時に及ぼす財と考えることができる．したがって，公共財が供給されると外部効果が発生するため，市場の失敗が生じるのである．

公共財の最適供給 (1)

まず，私的財を切り離して公共財のみの最適な資源配分を考えてみる．私的財は競合性があるために，ある人の消費量は他の人の消費量とダブらない．例えば，個人 A，B がいて，価格 p のもとでそれぞれの需要が x_A，x_B とすると，2人の需要をみたすためには価格 p のもとで $x_A + x_B$ の量が供給されなければならない．

一方公共財（ここでは創設・整備された道路の長さ）の場合，その特性からすべての人が等量に消費できる．このことを考慮に入れれば社会の公共財に対する需要は図表5.10 (a)，(b)，(c) のようにして求められる．いま社会には個人 A，B がいて，それぞれの公共財に対する限界評価が図表5.10 の (a) および (b) の D_A，D_B で表されるとしよう．また道路の供給量 X に対する限界評価すなわち X からもう1単位供給が増加するとき，その増加した1単位をどのくらいに評価するか（増加した1単位に対していくら払ってよいか）は，A が p_A，B が p_B であるとしよう．このとき2人合わせた道路の供給量の限界評価を社会的限界評価とすれば，それは供給量 X に対しては $p_A + p_B$ となる．このように供給量に応じて2人の限界評価をとっていけば，図表5.10 (c) のように描くことができる．

もし道路に対する限界費用が一定であるならば，限界費用曲線は図表5.11 の MC のように横軸に平行な直線として表される．社会的限界評価と限界費用が一致する点が社会的に望ましい点であったから，この場合の道路の最適供給量は X^* km となる．

第 5 章　市場の失敗

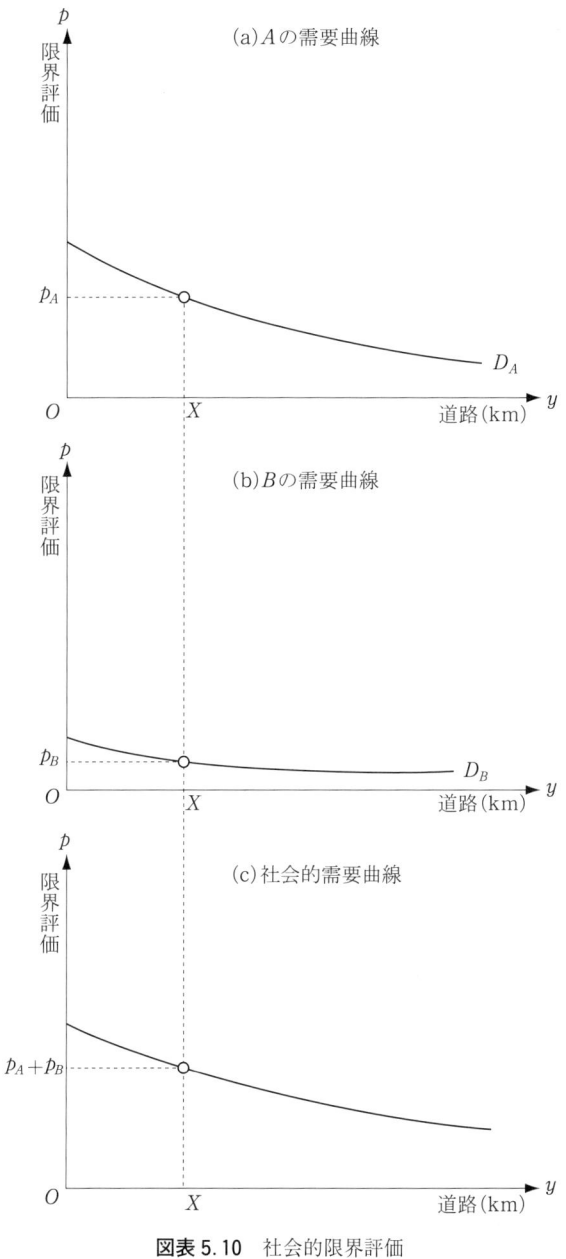

図表 5.10　社会的限界評価

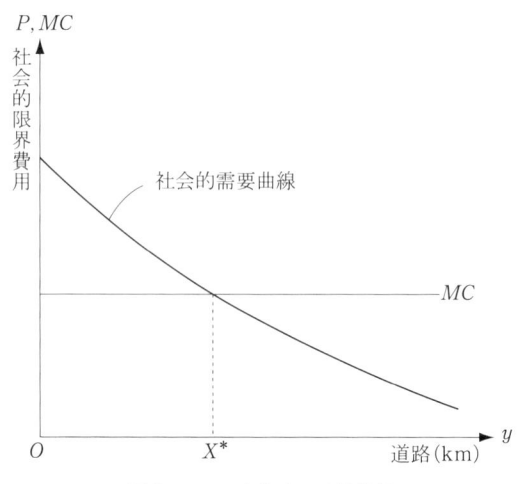

図表5.11 公共財の最適供給

公共財の最適供給 (2)

第1節の (1)(133ページ) では公共財のみの資源配分を考えたが，この項では私的財と公共財の同時的最適配分を考えてみよう．

そこで社会には A, B の2人の消費者がいて，1つの私的財と1つの公共財が供給されるとしよう．私的財の量を y_1, y_2 と書く．また A の無差別曲線の1つが Y_A^1 で与えられ，B の無差別曲線が Y_B^1, Y_B^2 のように与えられたとき，2人合わせた社会的無差別曲線は図表5.12の $Y_A^1 + Y_B^1$, $Y_A^1 + Y_B^2$ のような太い点線で示されるような曲線で描かれるとしよう．さらにこの社会において資源を最も効率的に用いて生産される私的財と公共財の最大可能生産量の組を表す生産フロンティアが図表5.13における JK のように表されるとする．いま A の無差別曲線を Y_A^1 に固定して，それに B の無差別曲線を加えていった社会的無差別曲線の中で生産フロンティア JK に接するものが図表5.13のように $Y_A^1 + Y_B^2$ であったとしよう．その接点を E とすると，E は2人の効用の合計を最大にしているという意味で社会的に望ましい点である．よって E に対応する公共財の生産量 y_1^* と私的財の生産量 y_2^* が最適供給量である．

第5章 市場の失敗

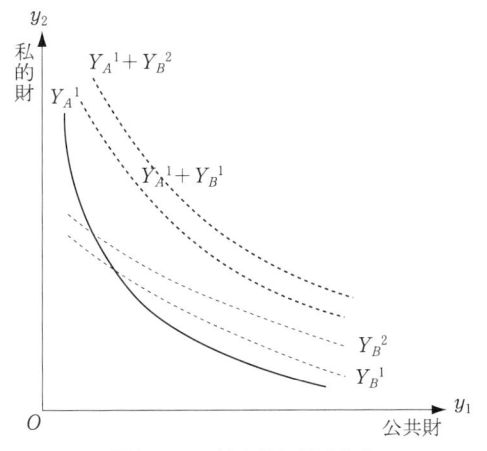

図表 5.12 社会的無差別曲線

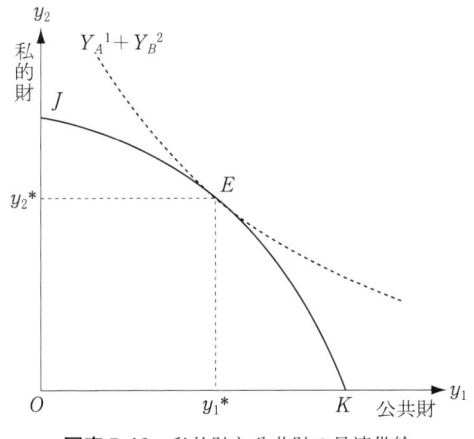

図表 5.13 私的財と公共財の最適供給

例題 5.4 公共財 Y を消費者 A, B, C の3人で消費するものとする。それぞれの需要曲線（限界評価曲線）Y_A, Y_B, Y_C が次のように与えられているとする。

消費者 A : $Y_A = 30 - \dfrac{1}{2} P_A$

（P_A：消費者 A の限界評価，Y_A：消費者 A の需要量）

消費者 $B : Y_B = 20 - \dfrac{1}{3} P_B$

(P_B：消費者 B の限界評価，Y_B：消費者 B の需要量)

消費者 $C : Y_C = 25 - P_C$

(P_C：消費者 B の限界評価，Y_C：消費者 B の需要量)

このとき，消費者 A, B, C の3人社会的限界評価曲線（需要曲線）はどのように表されるか.

(2003年経済学検定試験 ERE　改題)

(解説)　公共財に対する消費者が3人であるならば，社会全体の限界評価は公共財の量 Y に対する限界評価 P を合計したものであるから，

$$P_A + P_B + P_C = P$$

となる.

$$P_A = 60 - 2Y_A$$
$$P_B = 60 - 3Y_B$$
$$P_C = 25 - Y_C$$

であるから，社会的限界評価曲線

$$P = 145 - 6Y$$

である.

問題 5.4　2人の消費者 A, B の存在する社会において，それぞれの消費者の公共財 Y に対する限界評価曲線（需要曲線）は，次に示されるものとする.

消費者 $A : P_A = -2Y_A + 28$

(P_A：消費者 A の限界評価，Y_A：消費者 A の需要量)

消費者 $B : P_B = -Y_B + 14$

(P_B：消費者 B の限界評価，Y_B：消費者 B の需要量)

この公共財の生産に要する総費用曲線が

$$TC = \dfrac{1}{4} Y^2$$

であるとするとき，パレート最適を実現するための公共財の最適供給量はいくらか.

章 末 問 題

問題1 いま費用逓減産業が直面する需要曲線を
$$p = -\frac{1}{2}y + 30 \quad (p：価格，y：需要量・供給量)$$
とし，総費用曲線 TC を
$$TC = -\frac{1}{8}y^2 + 18y$$
とする．このときこの産業を維持していくためには，政府はどれくらい補助金を出さなければならないか．

問題2 独占企業が直面する需要曲線を
$$p = -2y + 36 \quad (p：価格，y：需要量・供給量)$$
とする．また，独占企業の総費用曲線を
$$TC = \frac{1}{2}y^2 + 16y$$
とするとき，独占均衡点における社会的余剰は限界費用価格形成原理による社会的余剰に比べていくら小さくなるか．

問題3 2人の消費者 A，B の存在する社会において，それぞれの消費者の公共財 Y に対する限界評価曲線（需要曲線）は，次に示されるものとする．

$$消費者 A：P_A = -\frac{1}{2}Y_A + 18$$

$(P_A：消費者 A の限界評価，Y_A：消費者 A の需要量)$

$$消費者 B：P_B = -\frac{1}{3}Y_B + 14$$

$(P_B：消費者 B の限界評価，Y_B：消費者 B の需要量)$

この公共財の生産に要する総費用曲線が
$$TC = \frac{1}{4}Y^2 + 4Y$$
であるとするとき，パレート最適を実現するための公共財の最適供給量はいくらか．

参 考 文 献

伊藤元重『ミクロ経済学』日本評論社，1992年．
岩田規久男『ミクロ経済学入門』日本経済新聞社，1997年．
江副憲昭・是枝正啓編『ミクロ経済学』勁草書房，2001年．

江副憲昭・是枝正啓編『ミクロ経済学講義・演習』勁草書房,2005年.
奥野正寛・鈴村興太郎『ミクロ経済学Ⅱ』岩波書店,1989年.
時政勗・江副憲昭・細江守紀編『入門現代経済学 ― 日本経済を知るために ―』1995年.

問題の解説

第1章

問題 1.1 まず，所得が 3,000 円，第 1 財の価格が 40 円，購入量が 50 で，第 2 財の価格が p_2 円，購入量が x_2 のときの予算式は，次のようになる．
$$3000 = 40 \times 50 + p_2 x_2 \tag{1}$$
次に，所得が 2,000 円，第 1 財の価格が 30 円，購入量が 50 で，第 2 財の購入量が x_2 のときの第 2 財の価格を p_2' とすると，予算式は
$$2000 = 30 \times 50 + p_2' x_2 \tag{2}$$
となる．(1), (2) より
$$p_2' = \frac{p_2}{2}$$
となるから，第 2 財の価格はもとの価格の半分にならなければならない．

問題 1.2 財の組 $W = (5, 3)$ の効用水準をもとめると
$$U(5, 3) = (5^2 + 1)(3 + 2) = 26 \times 5 = 130 \tag{1}$$
となる．
次に，第 1 財が 1 単位減少し，第 2 財の量が x_2 のとき，すなわち $(4, x_2)$ のときの効用水準は
$$U(4, x_2) = (4^2 + 1)(x_2 + 2) = 17 x_2 + 34 \tag{2}$$
(1) と (2) が等しくなるためには
$$x_2 = \frac{96}{17}$$
したがって，第 2 財の増加量は
$$\frac{96}{17} - 3 = \frac{45}{17}$$
である．

問題 1.3　所得と労働のきつさの程度の組，あるいは家賃の高さと環境の良さの程度．

無差別曲線が右上がりになるならば，一方の財は消費量が多いほど効用が大きくなるが，他方の財は逆に消費量が多いほど効用が小さくなるような 2 つの財の組である場合である．例えば，所得と労働のきつさの程度の組の場合をとると，以下の図のような場合が考えられるであろう．

図では，1 ヵ月の所得 10 万円と労働のきつさの程度 1 の組と，1 ヵ月の所得 20 万円と労働のきつさの程度 2 の組と，1 ヵ月の所得 25 万円と労働のきつさの程度 3 の組が無差別になっている．

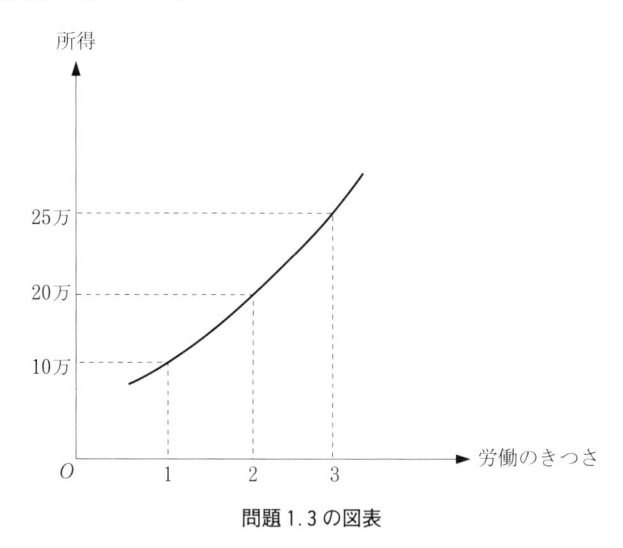

問題 1.3 の図表

問題 1.4　効用水準が 12 であるときの無差別曲線は

$$12 = \frac{1}{2}x_1 x_2 \text{ すなわち } x_1 x_2 = 24 \text{ すなわち } x_2 = \frac{24}{x_1}$$

であるから，$x_2 = 4$ ならば $x_1 = 6$ である．したがって $x_2 = 4$ のとき，第 2 財の第 1 財に対する限界代替率は $x_1 = 6$ における限界代替率となる．ゆえに

$$-\frac{dx_2}{dx_1}\bigg|_{x_1=6} = \left(\frac{24}{x_1^2}\right)\bigg|_{x_1=6} = \frac{24}{(6)^2} = \frac{2}{3}$$

問題 1.5　予算線は，所得を I とすると，

$$I = 30x_1 + 20x_2 \text{ すなわち } x_2 = -\frac{3}{2}x_1 + \frac{I}{20} \tag{1}$$

であるから，予算線の傾きの絶対値は

$$\left|\frac{dx_2}{dx_1}\right| = -\frac{dx_2}{dx_1} = \frac{3}{2} \tag{2}$$

である．一方 $U=27$ であるから

$$27 = \frac{1}{2}x_1 x_2 \quad \text{すなわち} \quad x_2 = \frac{54}{x_1} \tag{3}$$

したがって，限界代替率は

$$-\frac{dx_2}{dx_1} = \frac{54}{x_1^2} \tag{4}$$

となるから，(2), (4) より $x_1=6$，(3) より $x_2=9$，(1) より $I=360$ である．

問題 1.6　所得税が課される前の予算線の式は

$$40x_1 + 100x_2 = 2000 \quad \text{すなわち} \quad x_2 = -\frac{2}{5}x_1 + 20$$

となる．いま 2,000 円の予算（所得）に対して 15 % の税金が課されるとしたら，税額は 300 円あるから，可処分所得すなわち実際に使える予算は 1,700 円となり，予算線の式は

$$40x_1 + 100x_2 = 1700 \quad \text{すなわち} \quad x_2 = -\frac{2}{5}x_1 + 17$$

となる．これは正しく所得の減少による予算線の平行移動であり，図のように描くことができる．

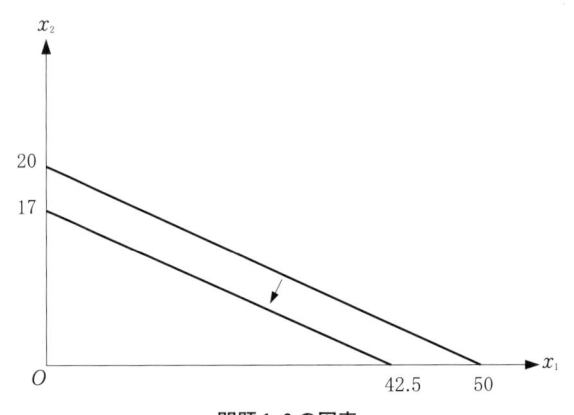

問題 1.6 の図表

問題 1.7　まず所得 $I=400$ 円のときの予算線は

$$400 = 40x_1 + 40x_2 \quad \text{すなわち} \quad x_1 = -x_2 + 10 \tag{1}$$

となる．これを効用関数の式に代入して，効用最大化の条件から

$$\frac{dU}{dx_2} = -2x_2 + 10 = 0$$

より，$x_2=5$ が得られ，(1)より $x_1=5$ が得られる．

つぎに所得 $I=600$ 円のときの予算式は

$$600 = 40x_1 + 40x_2 \text{ すなわち } x_2 = -x_1 + 15$$

となるから，上と同様にして効用最大化の条件から消費の最適点を求めると，$x_1=10$，$x_2=5$ が得られる．

以上の結果から，所得が増加した場合，第1財の購入量は増加し，第2財は変わらないことがわかる．したがって，第1財は上級財，第2財は中級財である．

問題 1.8 まず最初の状態の予算線は

$$40x_1 + 30x_2 = 1200 \text{ すなわち } x_2 = -\frac{4}{3}x_1 + 40$$

となり，これを(1)に代入し，効用最大化の条件から

$$\frac{dU}{dx_1} = -\frac{4}{3}x_1 + 20 = 0 \tag{2}$$

が得られる．よって $x_1=15$，$x_2=20$，$U=150$ となる．

次に，第2財の価格が上昇したときの予算線は

$$40x_1 + 40x_2 = 1200 \text{ すなわち } x_2 = -x_1 + 30 \tag{3}$$

となるから，上と同様にして，効用最大化の条件から

$$\frac{dU}{dx_1} = -x_1 + 15 = 0$$

となり，$x_1=15$，$x_2=15$，$x_2=\frac{225}{2}$ が得られる．

以上から，第1財の購入量は変わらず，第2財の購入量の減少5，および効用水準の減少は $\frac{75}{2}$ である．

問題 1.9 (2)は正しい．(2)のように，ギッフェン財は，下級財であって所得効果が代替効果より大きく，価格が上昇（下落）すれば，需要が増加（減少）するような財であるから，需要曲線は右上がりになる．

問題 1.10 (1)が正しい．セメントはどこの会社のものでも同じなので完全代替財である．(2)と(4)はある程度代替できるものとみなすことができるが，完全代替財とはいえない．(3)は補完財である．

問題 1.11 市場の需要量を $x(=x_1+x_2)$，市場価格 p とする．まず $10 \leq p \leq 20$ の場合 $x_1=0$ であるから市場需要関数は

である. つぎに $0 \leqq p \leqq 10$ の場合消費者 1 および消費者 2 の需要関数(1),(2)を逆需要関数の形に書き換えると,

$$x_1 = -2p + 20 \tag{3}$$
$$x_2 = -p + 20 \tag{4}$$

となる. よって(3),(4)より

$$x = x_1 + x_2 = -3p + 40 \tag{5}$$

となり, (5)を書き換えて

$$p = -\frac{1}{3}x + \frac{40}{3}$$

が得られる. よってもとめる市場需要関数は

$$p = -x + 20 \quad (10 \leqq p \leqq 20)$$
$$p = -\frac{1}{3}x + \frac{40}{3} \quad (0 \leqq p \leqq 10)$$

問題 1.12 $\dfrac{\partial x_1}{\partial I} = \dfrac{1}{3}$ となり, また $x_1 = 1$, $p_1 = 6$, $p_2 = 7$, (1)より $I = 6$ であるから, 需要の所得弾力性 e_I は

$$e_I = \frac{\partial x_1}{\partial I} \times \frac{I}{x_1} = \frac{1}{3} \times \frac{6}{1} = 2$$

となる.

問題 1.13 (1)より $x_1 = 4$ ならば $p_1 = 9$ である. また(1)を書き換えれば,

$$x_1 = -\frac{2}{3}p_1 + 10$$

となるから

$$\frac{dx_1}{dp_1} = -\frac{2}{3}$$

したがって, $x = 4$ における需要の価格弾力性 e_{p_x} は

$$e_{p_1}|_{x_1=4} = \left(-\frac{dx_1}{dp_1} \times \frac{p_1}{x_1}\right)\bigg|_{x_1=4} = -\left(-\frac{2}{3}\right) \times \frac{9}{4} = \frac{3}{2}$$

問題 1.14 余暇時間を 19 時間とすれば, 労働時間は 5 時間となる. 時間当りの賃金を w 円とすれば,

$$7000 = w(24 - 19) = 5w$$

となる. ゆえに, $w = 1400$. したがってその賃金のもとで 1 日の所得 7,000 円以上を得るためには, 5 時間以上働かなければならないので, 余暇時間は 19 時間以下

となり余暇・所得直線の範囲は図の太線のようになる．

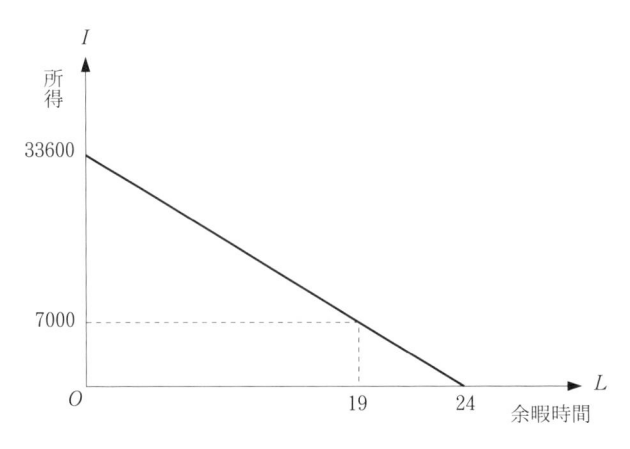

問題 1.14 の図表

問題 1.15 余暇時間を L 時間とれば，労働期間は $(24-L)$ 時間となり，実質所得は $2\times(24-L)$ となる．よって $I=2(24-L)$ である．これを効用関数(1)に代入すると

$$U=2(51L-2L^2-49) \tag{2}$$

となる．効用を最大にする余暇時間は(2)より

$$\frac{dU}{dL}=-8L+102=0$$

とすれば，$L=11\frac{1}{4}$ が得られる．すなわち 11 時間 15 分である．

問題 1.16 支払ってよいと思う額は 1 単位目（$x=1$）は $2000-200=1800$ 円であり，2 単位目（$x=2$）は $2000-400=1600$ 円であり，同様にして 3 単位目は 1,400 円，4 単位目は 1,200 円であるから，3 単位購入したときの支払ってよいと思う額の総額は 4,800 円である．消費者余剰が 3,000 円であるから，実際支払う額は 1,800 円となる．したがって 1 単位当りの価格は $1800\div 3=600$ 円となる．

問題 1.17 例題と同じようにして，消費者余剰が

$$\frac{1}{2}(20-p)x=\frac{1}{2}(20-(-\frac{1}{2}x+20))x=\frac{1}{4}x^2=64 \text{ すなわち } x^2=256$$

である．したがって $x=16$ となり，価格が 12 円以下であれば消費者余剰は 64 円以上になる．

問題の解説

第2章

問題 2.1 2つの $x_1=6$, $x_2=8$ のとき, $y=36$ となる生産関数の簡単なものとして,
$$F(x_1, x_2)=2x_1+3x_2 \qquad F(x_1, x_2)=\frac{3}{4}x_1 x_2$$
等がある. また, より複雑なものとして
$$F(x_1, x_2)=5\sqrt{6x_1}+3\sqrt[3]{x_2} \qquad F(x_1, x_2)=\frac{1}{3}x_1^{\,2}+\frac{1}{2}x_2^{\,2}-x_2$$
等がある.

問題 2.2

(1) $F(\lambda x_1, \lambda x_2)=(\lambda x_1)^{\frac{1}{3}}+(\lambda x_2)^{\frac{1}{3}}=\lambda^{\frac{1}{3}}x_1^{\frac{1}{3}}+\lambda^{\frac{1}{3}}x_2^{\frac{1}{3}}=\lambda^{\frac{1}{3}}(x_1^{\frac{1}{3}}+x_2^{\frac{1}{3}})$

$\qquad = \lambda^{\frac{1}{3}}F(x_1, x_2)<\lambda F(x_1, x_2) \qquad\qquad (\because \lambda^{\frac{1}{3}}<\lambda\ となるから)$

となり, (1)は収穫逓減のケースである.

(2) $F(\lambda x_1, \lambda x_2)=\frac{2}{3}(\lambda x_1)(\lambda x_2)^{\frac{1}{2}}=\frac{2}{3}(\lambda x_1)(\lambda^{\frac{1}{2}}x_2^{\frac{1}{2}})=\frac{2}{3}\lambda^{\frac{3}{2}}(x_1 x_2^{\frac{1}{2}})$

$\qquad = \frac{2}{3}\lambda^{\frac{3}{2}}\left(\frac{1}{2}(x_1 x_2^{\frac{1}{2}})\right)=\frac{2}{3}\lambda^{\frac{3}{2}}(F(x_1, x_2))<\lambda\left(\frac{2}{3}(x_1 x_2^{\frac{1}{2}})\right)=\lambda F(x_1, x_2)$
$\qquad\qquad\qquad\qquad\qquad\qquad\qquad\qquad\qquad (\because \lambda^{\frac{2}{3}}>\lambda\ となるから)$

となるから, (2)は収穫逓増のケースである.

問題 2.3 $x_2=3$ を生産関数に代入すると, つぎのようになる.
$$y=F(x_1, 3)=2\cdot 3^{\frac{1}{2}}x_1^{\frac{1}{2}}+x_1+3$$

問題 2.4 $x_2=9$ のときの x_1 についての生産物曲線と $x_1=4$ のときの x_2 についての生産物曲線は, それぞれつぎのようになる.
$$y=F(x_1, 9)=2x_1^{\frac{1}{2}}\cdot 9^{\frac{1}{2}}=6x_1^{\frac{1}{2}}$$
$$y=F(4, x_2)=2\cdot 4^{\frac{1}{2}}\cdot x_2^{\frac{1}{2}}=4x_2^{\frac{1}{2}}$$

よって $(x_1, x_2)=(4, 9)$ における x_1, x_2 について限界生産物 (力) はつぎのように表すことができる.

$$\frac{dy}{dx_1}=\frac{1}{2}\cdot 6\cdot x_1^{-\frac{1}{2}}=3x_1^{-\frac{1}{2}} \qquad\qquad (1)$$

$$\frac{dy}{dx_2}=\frac{1}{2}\cdot 4\cdot x_2^{-\frac{1}{2}}=2x_2^{-\frac{1}{2}} \qquad\qquad (2)$$

したがって，$(x_1, x_2) = (4, 9)$ における x_1 について限界生産物（力）は $x_1 = 4$ を(1)に代入して

$$\frac{dy}{dx_1} = \frac{1}{2} \cdot 6 \cdot 4^{-\frac{1}{2}} = \frac{3}{\sqrt{4}} = \frac{3}{2}$$

また，$(x_1, x_2) = (4, 9)$ における x_2 について限界生産物（力）は，$x_2 = 9$ を(1)に代入して，つぎのようになる．

$$\frac{dy}{dx_2} = \frac{1}{2} \cdot 4 \cdot 9^{-\frac{1}{2}} = \frac{2}{\sqrt{9}} = \frac{2}{3}$$

問題 2.5 生産関数より $(x_1, x_2) = (3, 4)$ のときの生産量は
$$y = F(3, 4) = 2 \cdot 3 \cdot 4 = 24$$
となるから，等量曲線は

$$x_2 = \frac{12}{x_1}$$

と表され，技術的限界代替率の式は

$$\frac{dx_2}{dx_1} = -\frac{12}{x_1^2}$$

となるから，$x_1 = 3$ における値は $\frac{4}{3}$ となる．

問題 2.6 費用が最小となる点においては技術的限界代替率が費用線の傾きの絶対値に等しいことを利用して求める．(1)より
$$1800 = 2LK \text{ すなわち } LK = 900 \text{ すなわち } K = 900/L \tag{2}$$
一方費用を C とすれば，費用線は

$$C = 8K + 2L \text{ すなわち } K = -\frac{1}{4}L + \frac{1}{8}C \tag{3}$$

となる．費用が最小となる点においては技術的限界代替率が費用線の傾きの絶対値に等しいことから，技術的限界代替率は(2)より $-(dK/dL) = 900/L^2$，費用線の傾きの絶対値は(3)より $1/4$ であるから，

$$-\frac{dK}{dL} = \frac{900}{L^2} = \frac{1}{4}$$

とおくと，$L = 60$ が得られる．これを(2)に代入して $K = 15$ が得られ，これらを(3)に代入すれば $C = 240$ となる．

問題 2.7 固定費用（FC）は，$FC = 100$ である．可変費用 VC は，
$$VC = TC - FC = y^3 - 4y^2 + 10y$$
である．

問題 2.8 平均費用（AC）は，
$$AC = \frac{2}{3}y^2 - \frac{5}{2}y + 13 + \frac{100}{y}$$
であるから，$y=6$ のときの平均費用（AC）は，116/3 である．

限界費用（MC）は，総費用関数（TC）の接線の傾きに等しいから
$$MC = 2y^2 - 5y + 13$$
となる．$y=6$ のときの限界費用（AC）は，55 である．

固定費用（FC）は，$FC=100$ である．可変費用 VC は，
$$VC = TC - FC = y^3 - 4y^2 + 10y$$
である．

問題 2.9 利潤 Π は
$$\Pi = 40y - \left(\frac{1}{2}y^2 + 10y + 100\right) = -\frac{1}{2}y^2 + 30y - 100 \tag{1}$$
となる．利潤を最大にする生産量
$$\frac{d\Pi}{dy} = -y + 30 = 0$$
をみたす y である．よって，$y=30$ が得られる．これを(1)に代入することによって $\Pi=350$ となる．

問題 2.10
$$MC = 3y^2 - 20y + 32$$
$$AC = y^2 - 10y + 32 + \frac{72}{y}$$
である．$MC = AC$ とおけば
$$y^3 - 5y^2 - 36 = 0 \text{ すなわち } (y-6)(y^2+y+6) = 0$$
となるから，$y=6$ である．このときの価格は $p=20$ となる．

問題 2.11 産業の長期平均費用曲線 LAC は，
$$LAC = \frac{LTC}{y} = y^2 - 4y - 10 + \frac{18}{y}$$
となるから，最小値をとるためには
$$\frac{dLAC}{dy} = 2y - 4 - \frac{18}{y^2} = 0 \text{ ならば } (y-3)(y^2+y+3) = 0$$
とならなければならない．よって $y=3$ となるから，$p=13$ となる．

問題 2.12 生産者余剰が 24 となる価格をとすると,その面積 S を求める式は
$$S = \frac{1}{2}(p-12)y = \frac{1}{2}\left(\left(\frac{1}{3}y+12\right)-12\right)y = \frac{1}{6}y^2$$
となる.$S=24$ であるから,$y=12$ が得られる.よって,$p=16$ となる.

第 3 章

問題 3.1 需要関数(曲線)D_1 より,価格 p にたいする需要量 x_1 は,
$$x_1 = 60 - p$$
になる.一方,需要関数(曲線)D_2 より,
$$x_2 = 5 - \frac{1}{4}p$$
である.市場需要曲線(関数)は,
$$x_1 + x_2 = (60-p) + \left(5 - \frac{1}{4}p\right)$$
から,市場の需要量を $x = x_1 + x_2$ とすれば,
$$x = 65 - \frac{5}{4}p$$
となる.なお,このときの逆需要関数は,
$$p = 52 - \frac{4}{5}x$$

問題 3.2 供給関数(曲線)S_1 より,価格 p にたいする供給量 x_1 は,
$$x_1 = \frac{1}{3}p - 20$$
になる.一方,供給関数(曲線)S_2 より,価格 p にたいする供給量 x_2 は,
$$x_2 = p - 20$$
である.したがって,もとめる供給曲線(関数)は,
$$x_1 + x_2 = \left(\frac{1}{3}p - 20\right) + (p-20)$$
から,市場の供給量を $x = x_1 + x_2$ とすれば,
$$x = \frac{4}{3}p - 40$$
となる.あるいは,
$$p = \frac{3}{4}x + 30$$

問題 3.3 線形の需要・供給関数であるから，蜘蛛の巣循環による市場均衡の安定性は，

$$|D曲線の傾き| < |S曲線の傾き|$$

を満たすかどうかによって決まる．この問題では，

$$|-1| < |2|$$

であり，市場均衡は安定である．このことは図解によって分かる．初期価格 p_0 から価格は均衡点に収束して，市場均衡は安定になる．このときの収束速度は確定的ではないが，均衡点に近づくほど収束速度が小さくなる（速度 0（ゼロ）に収束する）と予想され，そのため，実際には均衡点に到達することはない．

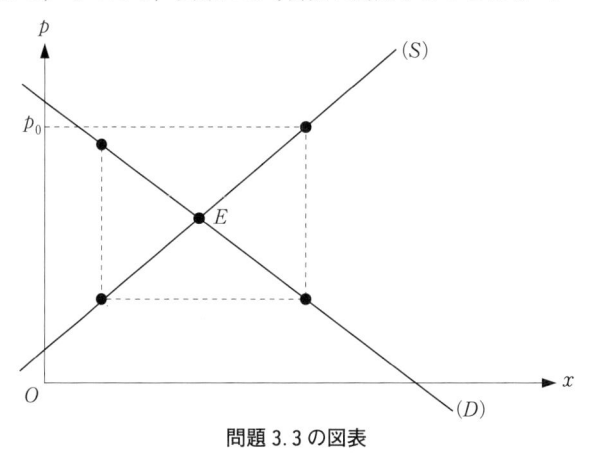

問題 3.3 の図表

問題 3.4 パレート最適点では消費者 A, B の等効用曲線が接しているから，また，

$$\frac{\dfrac{\partial U_A}{\partial x_A}}{\dfrac{\partial U_A}{\partial y_A}} = \frac{y_A}{x_A}$$

であり，消費者 B の等効用曲線の（接線の）傾きは，

$$\frac{\dfrac{\partial U_B}{\partial x_B}}{\dfrac{\partial U_B}{\partial y_B}} = \frac{1}{2}$$

であるから，パレート最適点では，

$$\frac{y_A}{x_A} = \frac{1}{2}$$

が成立している．

このことと，
$$x_A + x_B = 160$$
$$y_A + y_B = 90$$
$$x_B + 2y_B = 80$$
から，パレート最適点がもとめられる．

問題 3.5 市場均衡点 (x^*, p^*) は，需要曲線と供給曲線の交点として求められるから，
$$p = -x + 30$$
$$p = 2x$$
より，市場均衡における均衡生産量と均衡価格は，
$$x^* = 10$$
$$p^* = 20$$
である．

ところで，社会的余剰 S_s は消費者余剰 S_c と生産者余剰 S_p の和であり，このうち消費者余剰は，需要曲線と両軸（縦軸と横軸）で囲まれる部分の面積であるから，
$$S_c = \frac{1}{2}(30-20) \times 10$$
となり，生産者余剰は，供給曲線と両軸（縦軸と横軸）で囲まれる部分の面積であるから，
$$S_p = \frac{1}{2}(20-0) \times 10$$
となる．したがって，もとめる社会的余剰の大きさは，
$$S_s = 50 + 100 = 150$$
である．

第 4 章

問題 4.1 独占均衡条件，
$$MR = MC$$
より，
$$80 - 2x = 8x$$
であるから，独占均衡生産量 x^* は，
$$x^* = 8$$
になる．独占均衡価格 p^* は，
$$p^* = 72$$
均衡生産量にたいする限界費用は 64 であるから，ラーナー独占度は，

$$\frac{P-MC}{P}=\frac{72-64}{72}=\frac{1}{9}$$

となる．この場合のラーナー独占度は例題の数値より小さく，独占の度合いはより小さくなっている．

問題 4.2 独占均衡条件
$$MR=MC$$
より，
$$60-2x=2x$$
であるから，独占均衡生産量 x^* は，
$$x^*=15$$
になり，独占均衡価格 p^* は，
$$p^*=45$$
である．

消費者余剰は，
$$S_c=\frac{1}{2}(60-45)\times 15$$
となり，生産者余剰は，
$$S_p=\frac{1}{2}((45-30)+(45-0))\times 15$$
となる．したがって，社会的余剰の大きさは，
$$S_s=450+\frac{225}{2}=\frac{1125}{2}$$
である．

一方，完全競争市場均衡では，
$$p=60-x$$
$$MC=2x$$
より，完全競争市場における均衡生産量および均衡価格は，
$$x^*=20$$
$$p^*=40$$
である．このときの消費者余剰 S_c は，
$$S_c=\frac{1}{2}(60-40)\times 20$$
であり，生産者余剰 S_p は，
$$S_p=\frac{1}{2}(40-0)\times 20$$
となることから，社会的余剰は，

$$S_s = 200 + 400 = 600$$
になる.
　以上から,独占による余剰減少（死重的損失）の大きさは,
$$\frac{75}{2} = 600 - \frac{1125}{2}$$

問題 4.3　差別独占においては,両地域における限界収入と限界費用とが等しくなることが利潤最大条件になるから,
$$60 - 4x_1 = 2(x_1 + x_2)$$
$$60 - 2x_2 = 2(x_1 + x_2)$$
の成立が必要である.これから,
$$60 = 6x_1 + 2x_2$$
$$60 = 2x_1 + 4x_2$$
が得られて,均衡生産量は,
$$x_1 = 6$$
$$x_2 = 12$$
となる.このとき,各市場における販売価格は,第1市場で48,第2市場で48となる.この問題の場合,たまたま両地域での販売価格は一致している.

問題 4.4　この問題の場合,第 n 企業にたいする需要曲線は現在点（生産数量10）で屈折する.このため,限界収入曲線は,
$$MR = 50 - 2x \quad (x \leq 10)$$
$$MR = 70 - 6x \quad (x \geq 10)$$
となり,$x = 10$ において不連続になる.
　ここで $x = 10$ における限界収入の値を確認すると,不連続性があるために,2つの異なる値をとることになる.それらを MR および MR' とすれば,
$$MR = 30$$
$$MR' = 10$$
となる.したがって,限界費用曲線がこの間を通過する限り,利潤最大化条件（$MR = MC$）は,生産数量10において達成されることとなる.つまり,不等式,
$$10 \leq a \leq 30$$
が成立すれば,第 n 企業の利潤最大化をもたらす生産量および価格は現在の生産量水準10のままであり,生産量変更は起こらない.

問題 4.5　この3×3の標準形ゲームには支配戦略均衡はない.ただし,プレイヤー A については戦略 A_1 は戦略 A_2 によって支配されており,プレイヤー B については戦略 B_2 が戦略 B_3 に支配されている.

このゲームにはただひとつのナッシュ均衡がある．それは (A_3, B_3) であり，その利得は，$(8,7)$ である．

問題 4.6 第 1 企業の利潤関数 (Π_1) および第 2 企業の利潤関数 (Π_2) は，
$$\Pi_1 = (80 - 4(x_1 + x_2))x_1$$
$$\Pi_2 = (80 - 4(x_1 + x_2))x_2$$
であるから，各企業の利潤最大化条件は，
$$\frac{\partial \Pi_1}{\partial x_1} = 80 - 8x_1 - 4x_2 = 0$$
$$\frac{\partial \Pi_2}{\partial x_2} = 80 - 4x_1 - 8x_2 = 0$$
となる．これから，クールノー・ナッシュ均衡生産量が以下であることが分かる．同時手番ゲームであり，両企業は費用構造でも異ならないので，等量生産となる．
$$x_1 = \frac{20}{3}$$
$$x_2 = \frac{20}{3}$$

問題 4.7 後手第 2 企業の利潤最大化条件
$$\frac{\partial \Pi_2}{\partial x_2} = 100 - 2x_1 - 4x_2 = 0$$
から得られる，
$$x_2 = \frac{100 - 2x_1}{4} \tag{1}$$
を先手第 1 企業は正しく予測する結果，第 1 企業の利潤関数は，
$$\Pi_1 = \left(100 - 2\left(x_1 + \frac{100 - 2x_1}{4}\right)\right)x_1$$
となり，先手企業の利潤最大化条件は，
$$\frac{\partial \Pi_1}{\partial x_1} = 50 - 2x_1 = 0$$
となる．これから，先手の最適生産量，
$$x_1 = 25$$
が決定され，これを(1)に代入することにより，後手第 2 企業の生産量，
$$x_2 = \frac{25}{2}$$
が決まる．シュタッケルベルグ均衡生産量は，
$$x_1 = 25, \ x_2 = \frac{25}{2}$$

問題 4.8 第 1 企業の利潤関数 (Π_1) および第 2 企業の利潤関数 (Π_2) は，
$$\Pi_1 = (30 - 2p_1 + p_2)p_1$$
$$\Pi_2 = (30 - 2p_2 + p_1)p_2$$
であるから，価格をコントロール変数とするときの両企業の利潤極大条件は，それぞれ，
$$\frac{\partial \pi_1}{\partial p_1} = 30 - 4p_1 + p_2 = 0$$
$$\frac{\partial \pi_2}{\partial p_2} = 30 - 4p_2 + p_1 = 0$$
となるから，ナッシュ均衡価格は，
$$p_1 = 10$$
$$p_2 = 10$$
である．このとき，両企業とも利得水準は 200 になる．

第 5 章

問題 5.1 限界費用曲線 MC および平均費用曲線 AC はそれぞれ
$$MC = \frac{dTC}{dy} = -\frac{1}{2}y + 24$$
$$AC = \frac{1}{4}y + 24$$

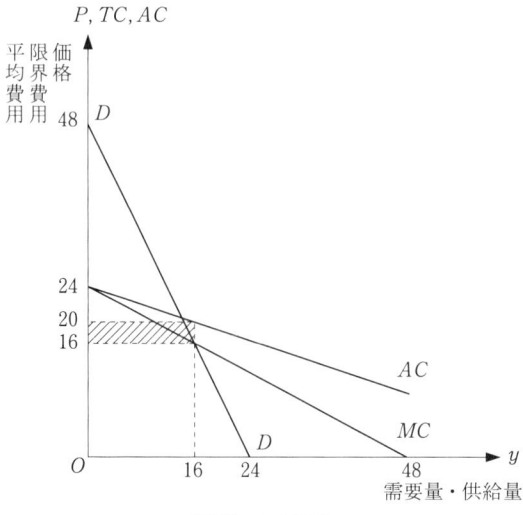

問題 5.1 の図表

となる．よって，この費用逓減産業の限界費用価格形成原理による供給量 y は，需要曲線と限界費用曲線が交わる $y=16$ である．このとき $p=16$ で，$AC=20$ となる．よって，この産業は図の斜線部分の面積の赤字を出すので，この産業を維持していくためには，政府はそれを補助金で補填してやらなければならない．その額は 64 である．

問題 5.2 独占企業の収入 R は
$$R = py = (-2y+36)y = -2y^2 + 36y$$
であるから，限界収入 MR は
$$MR = \frac{dR}{dy} = -4y + 36$$
となる．また，限界費用は
$$MC = \frac{dTC}{dy} = -y + 24$$
となる．$MR=MC$ とおくことによって，図のように独占均衡点 $(4, 28)$ が得られる．

一方，限界費用価格形成原理における供給量 y は，$y=12$ となる．

したがって，図において独占均衡点における社会的余剰は限界費用価格形成原理による社会的余剰より斜線の面積 32 だけ小さくなる．

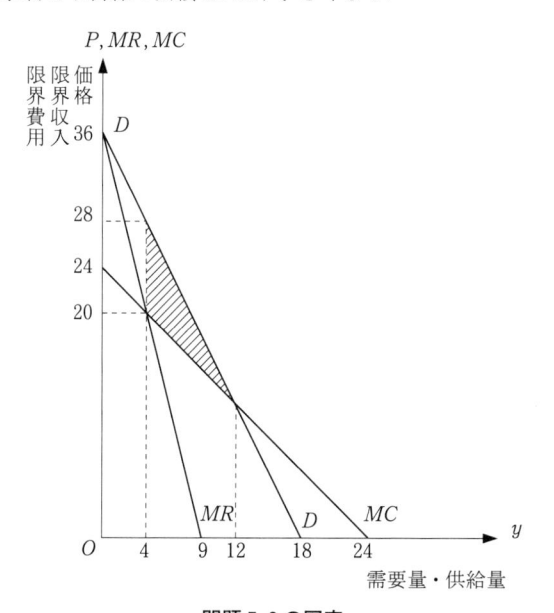

問題 5.2 の図表

問題 5.3 完全競争市場を想定しているので，利潤最大化の条件は限界費用と価格が等しいことである．したがって，X 財企業の利潤最大化は

$$MC_x = \frac{dC_x}{dx} = 4x = 40 \text{ すなわち } x = 10$$

となる．同様に Y 財企業の利潤最大化は

$$MC_y = \frac{dC_y}{dy} = 6x = 60 \text{ すなわち } y = 10$$

となるが，Y 財企業の総費用関数 C_y から，$x=10$ だけ総費用が増加する．

問題 5.4 公共財の最適供給条件は $P_A + P_B = MC$ であり，$MC = \frac{dTC}{dy} = \frac{1}{2}Y$ であるから，

$$(28 - 2Y_A) + (14 - Y_B) = \frac{1}{2}Y$$

となる．公共財の等量消費の性質より，需給が一致する状態は $Y_A = Y_B = Y$ であるから，

$$(28 - 2Y) + (14 - Y) = \frac{1}{2}Y$$

となり，$Y = 12$ となる．

章末問題の解説

第1章

問題1
$$U(3,5)=2\times(2\times 3+1)(5+2)=2\times(6+1)\times 7=98 \tag{1}$$
Y 財が1単位減少し，X 財の量が x であるとき，すなわち $(x,4)$ のときの効用水準は，
$$U(x,4)=2(2x+1)(4+2)=2\times(2x+1)\times 6=24x+12 \tag{2}$$
(1)と(2)が等しくなるためには
$$24x+12=98 \text{ すなわち } x=\frac{86}{24}=\frac{43}{12}$$
したがって X 財の増加量は
$$\frac{43}{12}-3=\frac{7}{12}$$
である．

問題2 効用水準が16であるときの無差別曲線は
$$16=x^2-2x+2y \text{ すなわち } y=-\frac{1}{2}x^2+x+8$$
であるから，$x=3$ における X 財の Y 財に対する限界代率は
$$-\frac{dy}{dx}\bigg|_{x=3}=(x-1)|_{x=3}=2$$

問題3 予算線は
$$1200=30x+40y \text{ すなわち } y=-\frac{3}{4}x+30 \tag{1}$$
となる．これを効用関数の式に代入すると，
$$U=\left(\frac{1}{2}x+4\right)\left(-\frac{3}{4}x+30\right)=-\frac{3}{8}x^2+12x+120$$

が得られる．効用最大化の条件

$$\frac{dU}{dx} = -\frac{3}{4}x + 12 = 0$$

より，$x=16$ が得られ，これを予算式に代入して $y=18$ が得られる．これらを効用関数に代入すれば，$U=(8+4)\cdot 18=216$ となる．

問題 4 「豊作貧乏」という現象は，農産物の需要が価格に対して非弾力的な場合によくみうけられる．以下の図において横軸をダイコンの需要量とし，縦軸を価格とする．この場合ダイコンが x' トン生産されたとき消費者が買ってもよいと思う価格は p' である．したがって，消費者が支払うあるいは農家が受け取る金額は面積 $p'Ox'E'$ である．

そこでダイコンが豊作になって x'' トンに供給が増えたとしよう．そのときの消費者が買ってもよいと思う価格は p'' であるとすれば，農家が受け取る金額は面積 $p''Ox''E''$ となる．明らかに農家にとって生産量が x' のときの方が収入が多い．このような現象がおこるのは，消費者が日常的に消費しているダイコンが供給が増えて価格が下がったからといっても，消費をそれほど増やすことはないからである．

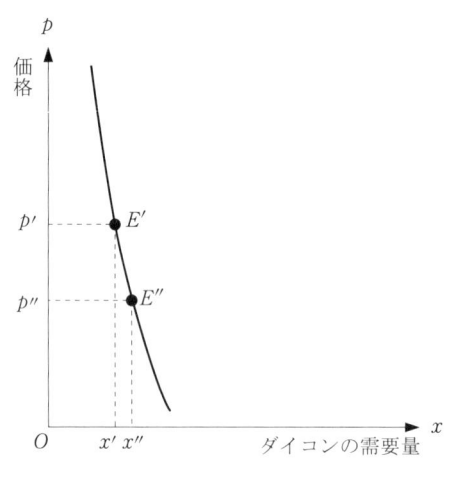

問題4の図表

第 2 章

問題 1 生産水準が 16 であるときの等量曲線は

$$16 = x_1^2 + 2x_1 + 2x_2 \text{ すなわち } x_2 = -\frac{1}{2}x_1^2 - x_1 + 8$$

であるから，$x=3$ における Y 財の X 財に対する限界代替率は

$$-\frac{dx_2}{dx_1}\bigg|_{x_1=3} = (x_1+1)|_{x_1=3} = 4$$

問題 2 利潤 Π は

$$\Pi = 12y - \left(\frac{1}{3}y^2 - 2y + 20\right) = -\frac{1}{3}y^2 + 14y - 20$$

となる．利潤を最大にする生産量

$$\frac{d\Pi}{dy} = -\frac{2}{3}y + 14 = 0$$

をみたす y である．よって，$y=21$ が得られる．よって $\Pi=127$ となる．

問題 3 産業の長期平均費用曲線 LAC は，

$$LAC = \frac{LTC}{y} = \frac{1}{2}y^2 - 3y + 3 + \frac{16}{y}$$

となるから，最小値をとるためには

$$\frac{dLAC}{dy} = y - 3 - \frac{16}{y^2} = 0 \text{ すなわち } (y-4)(y^2+y+4) = 0$$

とならなければならない．よって $y=4$ となるから，$p=3$ となる．

第 3 章

問題 1 社会的余剰は，消費者余剰と生産者余剰の合計をいうが，消費者余剰は，正の需要切片をもち右下がりの（通常の）需要曲線の場合には，需要曲線と縦軸および実現点で囲まれる部分の面積であり，生産者余剰は，非負の縦軸切片をもち右上がりの（通常の）供給曲線の場合には，供給曲線と縦軸および実現点で囲まれる部分の面積である．

ここで，実現点としては，市場均衡点がふくまれることは当然であるが，この他にも実現可能な点がある．ただ，その場合でも，少なくとも需要曲線上あるいは供給曲線上にあることは必要である．そうでなければ，そもそも選択される誘因がない．また，たとえ需要曲線ないしは供給曲線上の点であるにしても，市場均衡点における数量より大きいところは実現点になりえない．たとえば，需要者は均衡点より低い価格で均衡生産量より多量に購入したく思うであろうが，そのような点は（供給者が選択する可能性がまったくないという理由で）実現されないことに注意が必要である．

このため，市場均衡における社会的余剰の大きさと対比すべき対象となる実現点は，市場均衡点の左側の点，つまり，均衡生産量より低い数量に対応する需要曲線

上ないしは供給曲線上にある点のみとなる．

以下，例題3.8のモデルを利用した説明をおこなう．それによれば，財 X の需要曲線が，需要量を x，価格を p として，
$$p=-2x+20$$
であり，供給曲線が，
$$p=2x$$
であるとき，市場均衡 $E(x^*, p^*)$ は，$E(5,10)$ であり，市場均衡における社会的余剰 S_s は，消費者余剰 S_c および生産者余剰 S_p が，
$$S_c=\frac{1}{2}(20-10)\times 5$$
$$S_p=\frac{1}{2}(10-0)\times 5$$
であることから，
$$S_s=25+25=50$$
であった．これにたいして，たとえば，点 $A(2,16)$ では，社会的余剰の大きさは，同様に計算すれば，
$$S_c=\frac{1}{2}(20-16)\times 2$$
$$S_p=\frac{1}{2}((16-4)+(16-0))\times 2$$
$$S_s=4+28=32$$
であり，社会的余剰は減少している（この計算例は，社会的余剰のみを簡便に算出する方法ではないが，消費者余剰と生産者余剰を確認するためにあえてこの方法を示しておいた）．この場合，とくに消費者余剰の減少が著しくなっているのが特徴

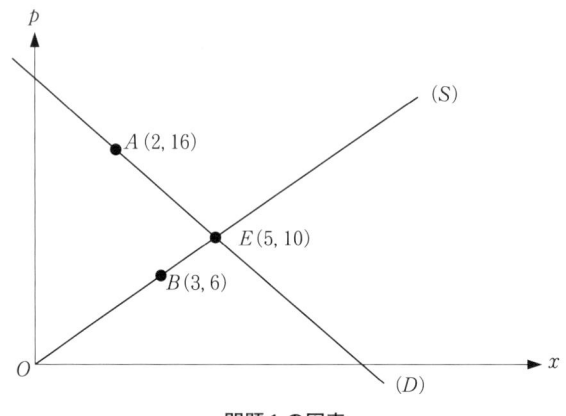

問題1の図表

である．

また，点 $B(3,6)$ での社会的余剰の大きさは，同様の計算により，

$$S_c = \frac{1}{2}((20-6)+(14-6)) \times 3$$

$$S_p = \frac{1}{2}(6-0) \times 3$$

$$S_s = 33+9 = 42$$

であり，社会的余剰は減少している．この場合，とくに生産者余剰の減少が著しくなっている．以上の状況を図示している．

問題 2 パレート最適点では，消費者 A, B の等効用曲線が接している（限界代替率が等しい）から，

$$MRS_A = \frac{dy_A}{dx_A} = \frac{y_A}{3x_A}$$

$$MRS_B = \frac{dy_B}{dx_B} = \frac{3y_B}{x_B}$$

は等しくなっている．したがって，

$$\frac{y_A}{3x_A} = \frac{3y_B}{x_B}$$

である．ところで，初期保有点を通過する予算線の傾きは 1 であり，消費者 A, B の等効用曲線は予算線に接しているから，結局，パレート最適点では，

$$\frac{y_A}{3x_A} = \frac{3y_B}{x_B} = 1$$

が成立しなければならない．したがって，

$$y_A = 3x_A$$

$$3y_B = x_B$$

となる．後半の式に財存在量に関する関係式を代入すると，

$$3(10-y_A) = 10-x_A$$

となるから，

$$x_A = \frac{5}{2}$$

$$y_A = \frac{15}{2}$$

となる．このことから，残る数値が確定する．

$$x_B = \frac{15}{2}$$

$$y_B = \frac{5}{2}$$

各消費者の効用関数の形式が反映されて，パレート最適点における消費量は数量的対称性を保有していることがみてとれる．

第 4 章

問題 1　独占均衡では，限界収入（MR）と限界費用（MC）は等しくなるから，
$$MR = MC$$
であり，また，
$$MR = 60 - 4x$$
$$MC = 0$$
であるから，
$$60 - 4x = 0$$
より，独占均衡生産量 x^* は，
$$x^* = 15$$
になる．一方，独占均衡価格 p^* は，この均衡生産量の需要価格であるから，需要関数に代入することにより，
$$p^* = 30$$
であることが分かる．

社会的余剰 S_s は消費者余剰 S_c と生産者余剰 S_p の和であり，このうち消費者余剰は，
$$S_c = \frac{1}{2}(60-30) \times 15$$
となり，生産者余剰は，
$$S_p = (30-0) \times 15$$
となる．したがって，もとめる社会的余剰の大きさは，
$$S_s = 225 + 450 = 675$$
である．

一方，完全競争市場均衡では，価格と限界費用が等しくなるから，
$$p = 60 - 2x$$
$$MC = 0$$
より，完全競争市場均衡における均衡生産量および均衡価格は，
$$x^* = 30$$
$$p^* = 0$$
である．このときの社会的余剰 S_s は，
$$S_s = \frac{1}{2} \times 60 \times 30 = 900$$
になり，独占による余剰減少（死重的損失）の大きさは，

$225 = 900 - 675$

問題2 利潤最大化が達成されているものとすれば，そこでは，それぞれの地域における限界収入と（この企業の）限界費用とが等しくなっていなければならない．すなわち，

$MR_1 = MC$
$MR_2 = MC$

でなければならない．したがって，

$90 - 4x_1 = 10$
$50 - 2x_2 = 10$

の成立が必要である．これから，差別独占による均衡生産量は，

$x_1 = 20$
$x_2 = 20$

となる．このとき，各市場における販売価格は，第1市場で50，第2市場で30となる．

第5章

問題1 限界費用曲線 MC および平均費用曲線 AC はそれぞれ

$$MC = \frac{dTC}{dy} = -\frac{1}{4}y + 18$$

$$AC = -\frac{1}{8}y + 18$$

となる．よって，この費用逓減産業の限界費用価格形成原理による供給量 y は，

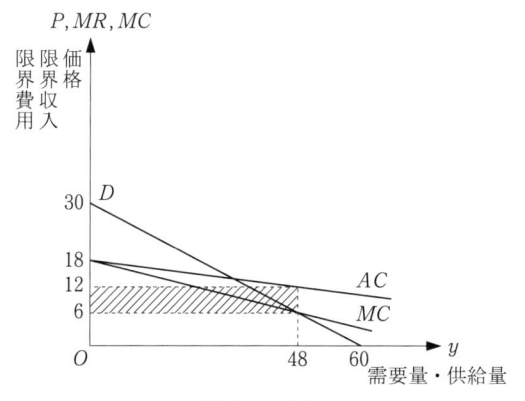

問題1の図表

需要曲線と限界費用曲線が交わる $y=48$ である．このとき $p=6$ で，$AC=12$ となる．よって，この産業は図の斜線部分の面積の赤字を出すので，この産業を維持していくためには，政府はそれを補助金で補填してやらなければならない．その額は288である．

問題2 独占企業の収入 R は
$$R = py = (-2y+36)y = -2y^2 + 36y$$
であるから，限界収入 MR は
$$MR = \frac{dR}{dy} = -4y + 36$$
となる．また，限界費用は
$$MC = \frac{dTC}{dy} = -\frac{1}{2}y + 24$$
となる．$MR=MC$ とおくことによって，図のように独占均衡点 $(4, 28)$ が得られる．

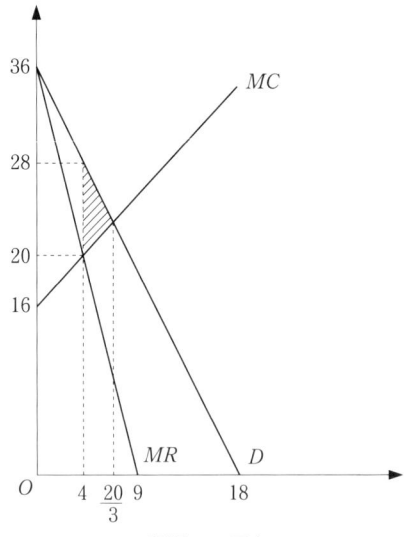

問題2の図表

問題3 公共財の最適供給条件は $P_A + P_B = MC$ であり，$MC = \dfrac{dTC}{dy} = \dfrac{1}{2}Y + 4$ であるから，
$$\left(18 - \frac{1}{2}Y_A\right) + \left(14 - \frac{1}{3}Y_B\right) = \frac{1}{2}Y + 4$$

となる．公共財の等量消費の性質より，需給が一致する状態は $Y_A = Y_B = Y$ であるから，

$$(28-2Y)+(14-Y)=\frac{1}{2}Y+4$$

となり，$Y=21$ となる．

索引

あ行

逸脱への誘因 …………………120
売上高最大化 …………………113

か行

改善不可能性 …………………76
外部経済 ………………………144
外部効果 ………………………144
外部性 …………………………82
外部不経済 ……………………144
価格カルテル …………………127
価格差別 ………………………108
価格受容者 ……………………107
価格・消費曲線 ………………17
価格戦略 ………………………128
　――複占ゲーム ……………127
価格弾力性 ……………………25
価格の硬直性 …………………116
価格メカニズム ………………65
下級財 …………………………12
確定所得 ………………………97
過剰生産能力 …………………105
課税の超過負担 ………………89
価値判断 ………………………90
可変的生産要素 ……………38, 58
可変費用 ……………………48, 88
完全競争均衡 …………………88
完全競争市場の条件 …………62
完全情報 ………………………120
機会費用 ………………………52
技術的限界代替率 ……………47

期待所得 ………………………97
逆需要関数 ……………………128
供給曲線 ………………………55
供給独占 ……………………96, 98
競争市場均衡 …………………65
競争的小企業 …………………107
クールノー点 …………………99
クールノー・ナッシュ均衡 …128
屈折需要曲線 …………………113
屈折需要曲線の前提 …………115
蜘蛛の巣安定条件 ……………70
蜘蛛の巣循環 …………………70
契約曲線 ………………………78
限界効用 ………………………84
　――比 ………………………84
限界収入 ………………………55
限界生産物 ……………………44
限界代替率 …………………7, 47
限界代替率逓減 ………………82
限界費用 ………………………53
　――価格形成原理 …………138
　――曲線 ……………………54
　私的―― ……………………145
　社会的―― …………………145
限界変形率 ……………………81
公害除去費用 …………………89
公共財 …………………………149
交渉 ……………………………106
効用関数 ……………………3, 5
　基数的―― …………………3
　序数的―― …………………3

固定的生産要素 …………………38, 52
固定費 ………………………………52, 58

さ行

最適消費量 ……………………………8, 12
最適反応関数 …………………………128
最適反応曲線 …………………………124
差別価格 ………………………………108
資源の最適利用 ………………………105
資源配分 …………………………………76
　── 公平性 …………………………82
　── 最適基準 ………………………76
市場情報 …………………………………66
市場の失敗 ……………………………133
市場の需要関数 …………………………67
市場の需要曲線 …………………………67
市場メカニズム …………………………65
支配戦略 ………………………………120
社会的欠損 ……………………………102
社会的余剰 ……………………………102
収穫一定 …………………………………41
収穫逓減 …………………………………41
収穫逓増 …………………………………41
従価税 ……………………………………90
従量税 ……………………………………90
主体的均衡条件 …………………………65
シュタッケルベルグ均衡 ……………120
需要独占 …………………………96, 106
需要の価格弾力性 ………………………25
需要の所得弾力性 ………………………23
上級財 ……………………………………12
消費者余剰 ………………………30, 86
消費税 ……………………………………90
情報経済学 ………………………………97
情報の非対称性 …………………………97
情報非保有者 ……………………………97
所得効果 …………………………………12
所得税 ……………………………………11
新規参入 ………………………………112
数量戦略 ………………………………122

　── 複占ゲーム ……………………128
生産可能性曲線 …………………………77
生産関数 …………………………………38
生産技術 …………………………………38
生産効率 …………………………………38
生産者余剰 ………………………………61
生産物曲線 ………………………………39
正常財 ……………………………12, 24
製品差別化 ………………………96, 111
操業停止点 ………………………………57
双方独占 …………………………96, 106

た行

代替効果 …………………………16, 19
代替財 ……………………………………19
短期の総費用曲線 ………………………51
超過供給 …………………………………68
超過需要 …………………………………68
長期 ………………………………………58
長期均衡利潤 …………………………113
長期の総費用曲線 ………………………58
ディレンマ状況 ………………………127
適正生産水準 …………………………105
等産出量曲線 ……………………………77
同時手番 ………………………119, 123
等費用線 …………………………………49
等量曲線 …………………………………46
独占 ………………………………98, 134
　── 均衡生産量 ……………………100
　── 均衡点 …………………………102
独占的競争 ……………………………111
　── の短期均衡 ……………………111
　── の長期均衡 ……………………113

な行

ナッシュ均衡 …………………………121

は行

パレート改善可能 ………………………77
パレート最適 ……………………………76

索　引

消費の── ……………………77
生産の── ……………………77
生産と消費の── ……………81
販売額最大化条件 ………………84
非競合性 …………………………149
ピグー税 …………………………147
非排除性 …………………………149
費用曲線 …………………………37
不完全競争市場分析 ……………95
不完全情報 ………………………96
── ゲーム ……………………120
複占市場 …………………………122
普遍性 ……………………………82
プライス・テイカー ……………107
平均総費用曲線 …………………56
ベルトラン・ゲーム ……………127
補完財 ……………………………19

ま行

マーシャル安定条件 ……………69

マーシャル的調整 ………………69
無差別曲線 ………………………6

や行

有限戦略 …………………………119
予算制約 …………………………1
予算線 ……………………………2

ら行

ラーナーの独占度 ………………99
利潤関数 …………………………102
利潤極大条件 ……………………110
利得行列 …………………………119
劣等財 ……………………………12

わ行

ワルラス安定条件 ………………68
ワルラス的調整過程 ……………68

著者略歴

是枝 正啓（これ えだ まさ ひろ）（第1章，第2章，第5章）
1946 年生まれ。
九州大学大学院経済学研究科博士課程単位取得退学
現在　長崎大学名誉教授
主著　『経済学のためのゲーム理論』（共訳，東洋経済，1972 年）
　　　『応用ミクロ経済分析』（分担，有斐閣，1990 年）
　　　「クールノー型複占における Balanced Temptation Equilibrium の存在と一意性」（西日本理論経済学会編『現代経済学研究』に所収，1997 年）

村田 省三（むら た しょう ぞう）（第3章，第4章）
1951 年生まれ。
九州大学大学院経済学研究科博士課程単位取得退学
現在　長崎大学経済学部教授
主著　『非協力ゲームの経済分析』（分担，勁草書房，1989 年）
　　　『経済のゲーム分析』（牧野書店，1992 年）
　　　『ミクロ・エコノミックス』（分担，有斐閣，1995 年）
　　　『ミクロ経済のゲーム』（九州大学出版会，1995 年）
　　　『ゲームと情報の経済学』（共編著，勁草書房，2006 年）
　　　『改訂版［原著第4版］ゲームと情報の経済分析［基礎編］，［応用編］』（共訳，九州大学出版会，2010，2012 年）

ミクロ経済学（けいざいがく）［新装版］

2008 年 4 月 30 日　初版発行
2015 年 9 月 10 日　新装版 1 刷発行

著　者　是　枝　正　啓
　　　　村　田　省　三
発行者　五十川　直　行
発行所　一般財団法人　九州大学出版会
　　　　〒814-0001　福岡市早良区百道浜 3-8-34
　　　　九州大学産学官連携イノベーションプラザ 305
　　　　電話　092-833-9150
　　　　URL　http://kup.or.jp/

印刷・製本／城島印刷㈱

© Masahiro Koreeda, Shozo Murata, 2015　　ISBN 978-4-7985-0168-0

ミクロ経済分析

是枝正啓・福澤勝彦・村田省三　　　　A 5 判　252 頁　3,300 円

ゲーム理論を援用することにより，不完全競争市場および市場の失敗についての評価をおこなう。非対称情報複占繰り返しゲームの逐次的均衡における信念列の構成問題や，ナッシュ均衡の精緻化を射程にいれた Balanced Temptation Equilibrium の分析とともに，労働市場における交渉ゲームの均衡分析とその応用分析が多方向から展開されている。

ミクロ経済のゲーム

村田省三　　　　　　　　　　　　　　A 5 判　186 頁　3,000 円

不完全競争市場の基本分析から，非対称情報のもとでの複占市場分析までを，戦略行動という概念のもとで斉合的に取り扱う。とくに，屈折需要曲線モデルのゲーム論的な解釈をつうじて，伝統的な不完全競争市場分析を現代的な理論分析に接続する。

改訂版［原著第4版］
ゲームと情報の経済分析 ［基礎編］・［応用編］

E.ラスムセン／細江守紀・村田省三・有定愛展・佐藤茂春 訳
　　　A 5 判・［基礎編］358 頁，3,000円・［応用編］476 頁，4,800 円

ゲーム理論の方法を積極的に取り入れ，情報の経済学の基本から最新のトピックスまでを，身近な例を使って説明した，情報の経済学に関する定評あるテキスト。大胆な構成と興味深い例示によって，現代社会における人々の行動，制度の在り方などについて一層の理解を深めることができ，経済学はいうまでもなく，社会科学を学ぶのに必要な基礎的視点を養うために大変有用である。今回の改訂にあたって，各章末にクラスルームゲームが加えられ，読者へのより丁寧な便宜が図られている。

（表示価格は本体価格）　　　　　　　　　　　　九州大学出版会